Rafik Schami

Milad

Von einem, der auszog,
um einundzwanzig Tage
satt zu werden

Carl Hanser Verlag

3 4 5   01 00 99 98 97

ISBN 3-446-19129-1
Alle Rechte vorbehalten
© 1997 Carl Hanser Verlag München Wien
Umschlag und Ausstattung: Root Leeb
Satz: Satz für Satz. Barbara Reischmann, Leutkirch
Druck und Bindung:
Franz Spiegel Buch GmbH, Ulm
Printed in Germany

Milad
Von einem, der auszog,
um einundzwanzig Tage satt zu werden

*Wie mir eine Geschichte erst
Kummer vertrieb und dann machte*

Damaskus kann man immer lieben, nur nicht im Sommer zur Mittagszeit. Die Sonne brennt alles nieder. Und die Stadt, die ihrer Düfte und Gärten wegen das Paradies auf Erden genannt wird, ist in der Mittagsstunde eine Hölle, die nur noch nach Asphalt und Diesel stinkt.

Die Damaszener flüchten mittags in den Schatten ihrer Häuser und Läden, weil sie in ihre Stadt vernarrt sind und ihre häßliche Seite nicht sehen wollen. Nur Hühner und Touristen gehen noch bei der größten Hitze freiwillig auf die Straße.

Halb betäubt von der Hitze taumelte ich mittags gegen eins nach einer Vorlesung über Grundlagen der physikalischen Chemie von der Universität im neuen Teil der Stadt auf die Bushaltestelle der Linie 7 zu, die an meiner Haustür vorbeiführte. Nach kurzer Zeit war mein Gaumen rauh, und mein Hemd klebte auf der schweißtriefenden Haut. Die Haltestelle rückte wie eine Fata Morgana immer weiter in die Ferne flirrender Straßen.

Plötzlich erblickte ich einen Bus der Linie 5, die ebenfalls ins christliche Viertel führte. Die nächste Haltestelle dieser Buslinie war zwar zwei Kilometer von unserem Haus entfernt, aber der Bus war leer! Leer! Erst fürchtete ich, die

Sonne hätte meine Gehirnzellen lädiert und ich wäre das Opfer teuflischer Halluzinationen. Doch der Bus war wirklich leer!

Der Busfahrer mußte an einer scharfen Kurve kurz die Geschwindigkeit drosseln. Dort sprang ich auf. Damals fuhren die Busse noch mit offenen Türen. Ein leerer Bus – so etwas hatte ich in Damaskus seit meiner Kindheit nicht gesehen! Ein Freund von mir erzählte einmal, er würde in jeden leeren Bus einsteigen, egal wohin er fuhr. Allein um des Erlebnisses willen, einmal im Leben so viele freie Sitzplätze zur Auswahl zu haben.

Der Fahrer beantwortete meinen verwunderten Blick mit einem Lachen: »Ich fahre meine erste Runde. Der Bus war in der Werkstatt, hier um die Ecke.«

Bereits nach der nächsten Haltestelle war der Bus überfüllt, und nach einer weiteren Station drängte sich eine alte, beleibte Frau geschickt durch die Menge und klopfte mir auf die Schulter. »Gott segne deine ausgezeichnete Gesundheit, junger Mann«, sagte sie, was bedeutete: Steh auf! Ich brauche den Platz.

»Gern, Großmutter!« heuchelte ich und zwängte mich zwischen zwei Fahrgäste im Gang. Der etwa vierzigjährige kleine Mann vor mir schwitzte eine merkwürdige Mischung aus Ammoniak und Essig aus. Hinter mir verbreitete ein ungefähr sechzigjähriger Mann mit jedem Atemzug den Gestank von Verwesung. Bis ich endlich an der Haltestelle, die unserer Gasse am nächsten lag, ausstieg, war ich um mindestens ein Jahr gealtert und schwor wie immer: »Nie wieder Bus!« – und wußte gleichzeitig, daß ich den Schwur schon am nächsten Tag brechen würde.

Selbst die fast verhungerten Hunde auf dem großen, staubigen Platz von Bab Tuma nahe der Haltestelle zogen den spärlichen Schatten der Häuserwände einer Nahrungssuche unter der gnadenlosen Sonne vor. Der Staub schien in

8

der Hitze zu knistern. Früher hatte sich hier eine schattige Gasse mit kleinen, verschachtelten Häusern und einem alten türkischen Dampfbad befunden, doch war sie längst einer wahnsinnigen Stadtplanung zum Opfer gefallen. Ein prächtiger Paradeplatz hatte entstehen sollen, aber nach dem Abriß war kein Geld mehr dagewesen. Die Gasse gab es nicht mehr, die restlichen Häuser standen verstümmelt, mit schadhaften Fassaden.

Fast unsichtbar kauerten im Halbdunkel davor ein paar Getränkeverkäufer. Sie sandten ihre verführerische Botschaft in die Hitze hinaus.

Für den Weg von Bab Tuma nach Bab Scharki, wo ich wohnte, brauchte man eine Viertelstunde. Im Schatten der Häuser war es halbwegs erträglich.

Als ich die letzte Kreuzung vor unserer Gasse erreichte, bemerkte ich am Eingang eines der Häuser eine Menschenansammlung. Frauen und Kinder umstanden eine Gestalt, die auf dem Boden lag. Ich näherte mich neugierig, doch mit der Seelenruhe dessen, der den kühlen Innenhof seines Hauses ganz in der Nähe weiß. Es waren nur noch hundert Meter bis zu unserer Tür.

Der Mensch am Boden war Milad. Im ersten Augenblick hatte ich ihn fast nicht erkannt. Er war mit Resten einer Hose notdürftig bekleidet, von seinem Hemd waren die Ärmel abgerissen. »Nimm mich mit nach Malula«, hörte ich ihn leise auf aramäisch flehen. Keiner der Passanten verstand seine Worte. Eine Frau schaute aus dem Fenster, als ich mich gerade zu ihm hinabbeugte. »Seit Stunden liegt der schon hier und spricht so komisch. Wahrscheinlich ist er ein Kurde«, rief sie.

»Nein, er ist aus Malula«, antwortete ich. Milad schaute mich erleichtert an. »Gott segne dich, junger Mann. Meine Fee hat dich geschickt. Hilf mir zur Bushaltestelle nach Malula. Sie ist beim französischen Krankenhaus.«

9

Ich hatte Angst, ihm den Wunsch zu erfüllen. Er war so schwach, daß ich fürchtete, er würde den Weg niemals durchhalten. Zusammen mit einem Mann, der neben mir stand, half ich Milad auf die Beine und nahm ihn mit zu mir nach Hause. Wir waren nicht wenig erstaunt, daß der alte Mann stark nach Jasmin duftete, obwohl er aussah, als hätte seine Haut seit Monaten kein Wasser gesehen.

Milad war sehr krank. Er erkannte zwar meine Mutter und lächelte kurz, sagte aber kein Wort. Als meine Mutter ihm saubere Unterwäsche und einen Schlafanzug anziehen wollte, erschrak sie vor dem Anblick der Wunden, die seine Beine überzogen. Es waren eitrige Brandverletzungen. Schnell ließ sie mich den Arzt holen. Doktor Baladi kam und reinigte die Wunden, verband die Beine und gab Vitamine und Antibiotika.

»Der Mann ist gefoltert worden«, sagte Doktor Baladi beim Hinausgehen leise zu meiner Mutter.

Das Leben Milads war für mich ein Rätsel. Als Kind hatte ich ihn im Sommer manchmal gesehen, wenn wir nach Malula in die Berge fuhren. Er war immer klein und ausgemergelt gewesen, doch seine Schritte verrieten Kraft. Besonders war mir sein großer Kopf aufgefallen, der nicht so recht auf die schmalen Schultern passen wollte.

Wenn er in Malula auftauchte, eilte er mehrmals über den großen Dorfplatz, als wollte er seine Anwesenheit bekanntmachen, dann setzte er sich auf einen Felsen am Eingang des Dorfes und wartete, bis sich die Kinder um ihn scharten. Das dauerte nie lange. Ein Ruf huschte von Gasse zu Gasse: »Milad ist da, Milad ist da!« und die Kinder ließen ihre Murmeln Murmeln sein und überhörten die Mahnungen ihrer Eltern. Sie wollten nur noch Milad sehen. Ja, erleben, denn er erzählte Geschichten, schnitt Fratzen und stolzierte wie Charlie Chaplin umher, so daß die Kinder vor Begeisterung tobten. Er sprach mehrere Sprachen, wiewohl die Erwachsenen behaupteten, er plappere einfach nur sinnlos vor sich hin. Doch später konnte ich feststellen, daß er tatsächlich ausgezeichnet Französisch und Englisch beherrschte.

Seine Vorstellungen dauerten oft bis zu zwei Stunden. Die Kinder klatschten Beifall, er verneigte sich und stolperte dabei wie ein Clown, dann verschwand er leise aus dem Dorf. Als Kind wußte ich wenig über Milad, doch wie alle Kinder Malulas mochte ich ihn. Ich hatte von den Erwachsenen die verrücktesten Geschichten über ihn gehört. Mal war er einer, der die ganze Bibel und den ganzen Koran auswendig vortragen konnte, mal machte man ihn zu einem Meister der Schwarzen Magie. Die Männer lachten über ihn, aber die Frauen hatten eine seltsame Furcht vor seinem Zorn. Meine abergläubische Tante Selma, die ältere Schwester meiner Mutter, glaubte sogar, daß er mit dem Teufel im Bund sei. Fest stand, daß Milad immer mal wieder eine Weile in einer kleinen Höhle gelebt hatte, um danach für längere Zeit spurlos zu verschwinden. Die Tante bekreuzigte sich immer dreimal, wenn das Gespräch auf ihn kam. Es machte mir einen Heidenspaß, sie mit Milad zu erschrecken. »Ich möchte so leben wie Milad und so wie er immer nach Jasmin duften«, flüsterte ich meinem Bruder jedesmal, wenn sie bei uns zu Besuch war, und schon rief die Arme entsetzt: »Heilige Maria, verbanne das Unheil aus diesem Haus.«

Meine Mutter hingegen war überzeugt, daß Milad ein armer Teufel sei. Als sie sich eines Tages über die Ängste der Tante lustig machte, schwor die, daß die Schwägerin ihrer Schwester selber dabeigewesen sei, als Milad – zornig über ein Urteil gegen eine Prostituierte – den Richter Abdulkarim noch im Gerichtssaal in einen Esel verwandelt habe.

»Verwandelt!« rief meine Mutter und lachte. »Abdulkarim ist ein Esel und der Sohn eines Esels, da gibt es nichts zu verwandeln«. Sie ließ ihrer Abneigung gegen den Richter freien Lauf, denn der hatte ihren Bruder zwei Jahre vorher wegen einer Lappalie einen Monat hinter Gitter gebracht.

Aber meine Tante ließ sich nie durch die Kommentare ihrer Zuhörer beirren. Sie beugte sich vor, legte ihre Stirn in Falten und runzelte die Augenbrauen, um das Gesagte glaubhaft zu machen, dann flüsterte sie meiner Mutter zu:»Und weißt du, warum er nach Jasmin duftet? Das hat er von einer Fee, die nackt mit ihm in seiner Höhle tanzt. Mein Schwager schwört beim heiligen Kreuz, daß er einmal unbemerkt hinter Milad hergeschlichen ist und halbtot vor Angst beobachtet hat, wie Milad nackt mit einer Fee tanzte und sie – Gott rette meine Seele – auch liebte. Vom Schreck hat mein Schwager seither schneeweiße Haare.«

Ich lag auf dem Sofa und tat, als ob ich schliefe. Als Tante Selma fertig war, stand ich auf und rannte sofort zu zwei Freunden, um zu fragen, ob sie mit mir Milad in seinem Versteck aufstöbern wollten. Als er das nächstemal in Malula seine Vorstellung gab und danach zu seiner schwer zugänglichen Höhle zurückging, kletterten wir ihm nach. Ein lebensgefährliches Abenteuer, bei dem wir aber außer alten Zeitungen, Zigarettenstummeln und einem Tonkrug nichts entdecken konnten. Der Tonkrug fiel uns auf. Er war nicht nur ganz neu, sondern auch mit frischem Wasser gefüllt, das stark nach Jasmin roch. Aber der Krug war uns natürlich zu wenig. Gerade wollten wir wieder hinunterklettern, da hörten wir plötzlich das Gelächter einer Frau. Wir erschraken zu Tode. Das Lachen wurde immer lauter und dämonischer. Wir schauten uns stumm an und machten uns eilig an den Abstieg.

Das lag nun schon viele Jahre zurück, aber Milad hatte

mich immer fasziniert. Ich sah ihn öfter aus der Ferne, doch je erwachsener ich wurde, desto geringer wurde sein Interesse, mit mir zu reden. Wenn er überhaupt in Malula auftauchte, umgab er sich nur mit Kindern.

Und nun war dieser geheimnisvolle Mensch bei uns zu Gast. Wir machten ihm ein kleines Zimmer zurecht und pflegten ihn, bis er wieder gesund wurde. Doch schien es uns allen, als ob er für immer die Sprache verloren hätte, denn er sprach eine Woche lang kein Wort. Auch wenn der Arzt ihn etwas fragte, antwortete Milad nicht. Ich hatte das Gefühl, als ob eine große Angst seine Zunge lähmte; vielleicht fragten wir zu oft nach den Wunden und den Namen derer, die ihn so zugerichtet hatten. Am Ende befahl uns meine Mutter, ihn in Ruhe zu lassen.

Doch dann besuchte ihn Tante Mariam, und nach einer Weile hörten wir sie beide plötzlich laut lachen. Die alte Witwe kannte Milad seit mehr als fünfzig Jahren. Aber als sie nun auch noch zu singen begannen, war sogar meine Mutter überrascht, denn Tante Mariam ging sonst immer nur in Schwarz und trauerte um ihren Mann, einen Zauberer. Nichts hatte die Frau mehr zum Lachen bewegen können. Doch auf einmal sang sie Liebeslieder auf aramäisch, und kurz darauf erklang auch Milads Stimme. Er sang erst zögernd und brüchig, dann aber vollmundig und melodisch.

Als die Tante nach Stunden herauskam, flüsterte sie meiner Mutter zu: »Zwei üble Typen vom Geheimdienst haben ihn eine Woche gefoltert. Gott soll ihre Hände dafür brechen. Sie hielten ihn für einen raffinierten Spion Israels, der mit seinen Verrücktheiten das Herz der Kinder eroberte und so die Geheimnisse ihrer Eltern auskundschaftete. Gott soll diese Verbrecher bestrafen. Sie haben ihn so lange gequält, bis er in Ohnmacht fiel, und als er auch mit kaltem Wasser nicht wieder zu sich kam, hielten sie ihn für tot und warfen ihn auf die Müllhalde vor der Stadt. Dort leckte ihn dann eine Hündin wach. Sie hatte mehr Herz als diese Hurensöhne.«

Meine Mutter wurde etwas ungehalten, wenn die Nachbarn und Verwandten, die plötzlich vermehrt bei uns auftauchten, gleich nach dem Begrüßungskaffee den dringenden Wunsch hatten, Milad anzuschauen. »Kommt nicht in Frage«, erwiderte sie freundlich, aber streng. »Der Mann ist todkrank und braucht seine Ruhe. Er ist kein exotisches Tier, das man begaffen kann.«

Nur Tante Mariam durfte ihn sehen, sooft sie wollte, und sie kam jeden Vormittag und unterhielt sich stundenlang mit ihm. Milad hatte ihren Zauberer seit seiner Jugend gekannt. Und Tante Mariam konnte nicht genug über ihren verstorbenen Mann reden.

Und dann, eines Tages, kam Milad zu mir ins Zimmer, setzte sich hin und lächelte. »Ihr habt mich wieder zusammengeflickt, habt Dank dafür.«

Meine Mutter, die vom Einkaufen zurückkam, lachte, als sie ihn bei mir sitzen sah.

»Na, willst du schon wieder zurück in die Höhle?« fragte sie. Milad wandte sich zu ihr um. »Ja, bald«, antwortete er.

An jenem Tag im Juni 1966 bat ich ihn, mir die wahre Geschichte seines merkwürdigen Lebens zu erzählen.

»Was soll ich alter Mann einem jungen Gelehrten erzählen. Es ist bloß ein Traum«, zierte er sich.

Nun, ich war in jenen Tagen der beste Zuhörer der Welt. Aus handfesten Gründen: Die Sommerferien fingen gerade an, und ich steckte in einer dreifachen Krise. Mein erstes Jahr in der chemischen Fakultät hatte den naiven Traum vom forschenden Alchimisten zerstört, in dessen Händen sich klebriges Erdöl in ein Zaubermittel gegen Rückständigkeit, Hunger und Not verwandeln sollte.

Universität und Schulen schlossen ihre Tore Ende Juni.

Meine Eltern blieben noch bis Mitte Juli in Damaskus, dann flüchteten sie in die Kühle der Berge von Malula. Ich mußte in der Stadt bleiben, denn im Juli und August wollte ich im Lager eines Textilhändlers arbeiten, um etwas Geld für mein Studium zu verdienen.

Zudem hatte ich in meiner heftigen Liebe zu Hanan, einer der schönsten Frauen im Viertel, vor ein paar Wochen eine herbe Niederlage erlitten. Ein ergrauter Kapitän zur See hatte die feurige Schönheit erblickt und überhäufte ihre Eltern so lange mit Geschenken, bis deren Charakter wankte: Sie, die mich vor Wochen noch scherzhaft, aber willig »Schwiegersohn« genannt hatten, gaben dem grauen Sechzigjährigen ihre Tochter, die höchstens zwanzig war und gerade anfing, Medizin zu studieren, um Arabien zu heilen.

Als wir uns ein letztes Mal heimlich trafen, gab ich ihr ein langes Liebesgedicht, das ich für sie geschrieben hatte. Sie fand es schön und wiederholte, nackt in meinen Armen liegend, seine ersten Verse, in denen ein Apfelbaum einen Zweig auf sie legte und an der Stelle ihrer Brust aus den Blüten zwei Äpfel hervorbrachen.

Zwei Tage später kehrte ich des Nachts von einem krebskranken Onkel zurück, den wir, seine Verwandten, immer wieder besuchten, um mit ihm Karten zu spielen und Geschichten zu erzählen, damit sein Abschied von der Erde leichter würde.

Ich nahm eine Abkürzung, die durch schmale dunkle Gassen führte, pfiff vergnügt ein Volkslied und ärgerte zwischendurch ein paar Katzen, die in den Mülltonnen nach Eßbarem suchten.

Plötzlich hörte ich aus einer dunklen Ecke jemanden meinen Vers vom Apfelbaum und den Blüten aufsagen. Mir erstarrte das Blut in den Adern. Ich konnte überhaupt nicht begreifen, wie in dieser fernen Ecke mein Gedicht rezitiert werden konnte, das ich erst zwei Tage zuvor nur einem einzigen Menschen anvertraut hatte. Zu meinem Entsetzen sagte es jetzt eine Männerstimme auf. Ich blieb wie angewurzelt stehen und schaute in die Richtung, aus der die Stimme kam. Das fahle Licht der Laterne erstarb vor meinen Füßen, und die entfernte Ecke blieb verborgen. Noch einmal trug die Männerstimme mein Gedicht vor, und ich konnte kaum noch atmen. Ein Lachen hinter mir weckte mich aus meiner Starre. Ein kleiner Mann versperrte mir den Weg nach Hause, und nun kam auch der zweite, der Rezitator, aus der Ecke hervor.

»Du hast mit diesem Gedicht ein junges Mädchen verführt, und das mögen wir nicht«, sagte er. »Deshalb wollen wir dir eine Lehre in Sachen Liebe erteilen, die du nicht vergessen wirst.« Er zog ein großes Messer aus seiner Jacke. Ich stürzte mich auf den anderen, der mir den Weg verstellte. Er war etwas kleiner und unbewaffnet. Doch er hielt meinem Ansturm stand und schlug meine Nase blutig. Ich schrie um Hilfe, und das rettete mein Gesicht vor schlimmeren Schönheitsoperationen. Ein Bewohner des Hauses, vor dem wir standen, wurde aufmerksam und stürzte blitzschnell aus der Tür – mit einem Stock bewaffnet. Ein Riese in Unterwäsche. »Ihr Hurensöhne«, rief er, »zwei gegen einen ist feige.« Die zwei waren völlig überrascht. Nach wenigen Augenblicken und mehreren kräftigen Hieben waren sie verschwunden.

»Warum wollten die zwei dich verprügeln?« fragte der Koloß. Es war eine groteske Szene. Er stand halbnackt auf seiner Türschwelle. Die gelbliche Glühbirne der einsamen Laterne warf ihr schwaches Licht auf die Gasse. Ich saß auf dem Boden.

»Wegen eines Liebesgedichts, das ich einer Frau geschrieben habe«, sagte ich und lachte über das Absurde der Situation.

»Mein Gott«, sagte der Mann, »Verrückte Zeiten sind das, wegen Apfelblüten greifen zwei Halunken einen armen Jungen an!« Der Mann verschwand ohne Abschied hinter der Tür. Ich beeilte mich, nach Hause zu kommen.

Später erfuhr ich von Hanan, daß ihr Bruder das Liebesgedicht unter ihrem Kopfkissen entdeckt und den Kapitän alarmiert hatte. Der beauftragte dann die zwei Schläger.

Damaskus, die schönste Stadt des Orients, verwandelte sich damals für mich zunehmend in eine Falle der Traurigkeit. Nacht für Nacht fragte ich mich, ob es irgendwo auf der Welt einen unglücklicheren Teufel als mich gab. Milad, der da so unverhofft bei uns gelandet war, schien endlich einer zu sein. Deshalb war ich so neugierig auf seine Geschichte und hoffte, durch seine Erzählung Trost und Hoffnung zu finden. Und bereits bei seinen ersten Worten spürte ich, wie ein Licht in meiner Seele aufflackerte. Von da an sehnte ich mich nur noch nach der Fortsetzung seiner Geschichte.

Jede Nacht erzählte er, und gegen Morgen unterbrach er an einer spannenden Stelle und sagte: »Nun bin ich müde, morgen erzähle ich weiter.« Er ignorierte meinen Protest, gähnte herzhaft, stand auf und ging zu Bett. Bis heute erinnere ich mich an den merkwürdigen Hunger, den ich nach seinen Erzählungen verspürte.

Acht Nächte lang hat er mir seine Geschichte erzählt. Er war damals fast siebzig und hielt immer wieder inne, als wären seine Worte dem Körper eine zu schwere Last. Wenn er schlief, schrieb ich alles auf.

Nach genau einundzwanzig Tagen verließ uns Milad eines Morgens kurz nach dem Frühstück und kehrte nie wieder zurück. Ich hätte es ahnen können, denn die Zahl einundzwanzig bestimmte sein Leben. Doch ich muß gestehen, daß ich seine Geschichte damals für ein gelungenes Märchen hielt und nicht besonders ernst nahm.

Wie dem auch sei — ich machte mir Sorgen um ihn.

Meine Mutter lachte. »Hab keine Angst, Milad hat wie die Katzen sieben Leben. Der Todesengel wird sich noch die Zähne an ihm ausbeißen«, sagte sie und reiste mit meinen Geschwistern nach Malula. Ich hoffte, daß Milad irgendwann eines Abends plötzlich wieder auftauchen würde, doch er blieb spurlos verschwunden.

Seine Geschichte gefiel mir. Ich war nur skeptisch, ob ein anderer sie auch gut finden würde. Ich schrieb sie sauber ab und gab den Kapiteln Titel, die zu den Etappen des Abenteuers paßten, und als ich die Arbeit beendet hatte, zeigte ich sie zwei Freunden, die mir empfahlen, sie unverzüglich einem Verleger anzubieten, der für seine Risikobereitschaft bekannt war. Ich zögerte lange, bis ich mich endlich im Sommer 1968, zwei Jahre nach Milads Verschwinden, mit dem Manuskript auf den Weg machte. Doch schon, als ich nur fragte, ob der Verleger im Haus sei, versuchte mich die Sekretärin abzuwimmeln. Sie saß häkelnd unter dem großen Bild des Staatspräsidenten und schmatzte an ihrem Kaugummi, als wäre es eine Hammelkeule. »Wird in deinem Roman oft geknutscht?« fragte sie, ohne aufzublicken.

»Oft nicht, aber in einem Kapitel wird noch viel mehr als nur geknutscht.« Ich genierte mich, vor ihr von einem Bordell zu erzählen.

»Werden Gangster abgeknallt?« Als ich das verneinen mußte, zuckte sie nur mit den Schultern.

Und dann schien es einen Augenblick, als hätte ich Glück, denn der Verleger trat plötzlich aus seiner Tür und schaute mich an. »Komm«, sagte er geistesabwesend und kehrte in sein Zimmer zurück. Als ich ihm das Manuskript in die Hand gab, blätterte er es durch wie ein Bankangestellter einen Stapel Hundertlirascheine.

»Hundert Seiten«, bemerkte er ironisch, »soll das ein Roman sein, ein Märchen oder eine Erzählung?«

»Ich weiß es nicht, es ist die Geschichte eines Mannes, der Geduld hat und immer wieder in eine Höhle zurückkehrt«, antwortete ich unsicher.

»Hat er dort einen Schatz gefunden?« fragte er und lachte.

»Ja, einen einmaligen Schatz«, lockte ich.

»Das kann gar nicht sein. Wenn er wirklich einen Schatz gefunden hätte, hätte er den Mund gehalten und kein Buch geschrieben. Wo ist er, dein Glückspilz?« fragte er lächelnd.

»Er ist seit zwei Jahren verschwunden. Das ist ja das Merkwürdige. Er verschwindet immer wieder.« Mir war nicht geheuer.

»Was ist daran merkwürdig? Jeden Tag hauen Leute ab. Der eine wegen seiner Gläubiger, der andere wegen seiner Frau, und warum der dritte verschwindet, darf man nicht wissen.«

»Milad ist nicht verheiratet, er hat keine Schulden und wird auch nicht gesucht. Er geht aber immer wieder in seine Höhle ...«

»Und was sucht er da? Eine Eingebung?« unterbrach der Verleger mich giftig.

»Nein, er kehrt in die Höhle zurück, um seinen Traum mit einer Fee zu erleben«, antwortete ich.

»Junge, Junge. Wer soll sich denn mit so was unterhalten? Die Leute wollen einen spannenden Krimi oder eine fröhliche Liebesgeschichte, aber doch nicht so was.«

Bis heute weiß ich nicht, woher ich den Mut nahm, aber plötzlich war mir alles gleichgültig.

»Wenn man will, kann man sich mit der Geschichte sehr wohl unterhalten. Es gibt sogar ein Kapitel, das spielt im Bordell.« Der Mann erstarrte.

»Bordell? Meinst du das ernst? Ich bin Verleger und kein Selbstmörder. Die religiösen Fanatiker werden die Regierung stürzen, wenn sie mich und dich nicht nach einem solchen Buch sofort an unseren Hoden erhängt. Nein, meine Autoren wissen das Publikum scharfzumachen, ohne sich und mich zu gefährden. Man muß kaschieren. Wie im Film. Der Revolverheld geht in die Bar, lehnt sich an die Theke und verlangt in allen Ländern der Erde Whiskey, nur in Arabien Tee. So wird der Film selbst in Saudi-Arabien erlaubt, dabei weiß auch dort jeder, daß der Barkeeper keinen Tee aus seiner Whiskeyflasche gießt und niemand Tee so runterstürzt und danach den Mund mit dem Ärmel trocknet. Genauso weiß jeder, daß man nach drei Glas Tee nicht betrunken ist, aber das ist eben die Kunst. Man weiß das alles, aber die Übersetzung lautet: Gib mir einen Tee! Dagegen können die Fundamentalisten nichts sagen. Nirgends steht, daß es verboten ist, von Tee betrunken zu sein. Du bist noch grün hinter den Ohren. Du mußt lernen, daß Sex, Religion und Politik ein verbotenes Dreieck bilden, das vernünftige Autoren fürchten und meiden, wenn sie lange leben wollen.«

Danach schob mich der beleibte, schwitzende Mann fast unhöflich zur Tür und schloß sie hinter mir ohne ein Wort des Abschieds. Das Bordell war offensichtlich zuviel für seine Nerven gewesen.

Verbittert kehrte ich mit dem Manuskript nach Hause zurück, warf es in die Ecke und fluchte.

Der Gerechtigkeit halber muß ich zugeben, daß die Angst des Verlegers weder gespielt noch übertrieben war. Bald darauf liefen die Fanatiker tatsächlich Sturm, als ein Autor es wagte, vorsichtig Kritik an der Religion zu üben. Ihm und seinem Verleger wurde der Prozeß gemacht. Ein anderer erntete keine Liebeserklärung, sondern drei Messerstiche, als er die Rundungen des Busens seiner namenlosen Angebeteten mit zwei Granatäpfeln verglich, die an einem Zweig vor seinem Fenster im Wind tanzten. Der Chefredakteur wurde gefeuert, und der Dichter verließ das

Land. Als ich das hörte, mußte ich an den Rezitator und sein Messer denken.

Milads Geschichte wurde zu meinem großen Kummer. Immer wieder versteckte ich das Manuskript, um es zu vergessen, doch es schob sich stets zurück in mein Blickfeld und beklagte meine Resignation. Also versuchte ich es weiter, aber die anderen Verleger reagierten nicht positiver als der erste.

Ich hatte das Manuskript wirklich beinahe vergessen, als mich ein Freund auf einen neuen Verleger aufmerksam machte. »Er ist revolutionär und mag Bücher, die aus der Reihe tanzen«, verriet er mir bedeutungsvoll. Also suchte ich den Verleger auf. Tatsächlich! Es gab kein Empfangsbüro und keine Sekretärin, nur einen etwa dreißigjährigen Mann, der mich schon bei der Begrüßung »Genosse« nannte. Ich fühlte mich erleichtert, als ich sein geräumiges Zimmer betrat. Das vertraute Gesicht Che Guevaras an der Wand strahlte Entschlossenheit aus. »Seine Exzellenz müssen wir aufhängen«, sagte der junge Verleger aus guter Familie augenzwinkernd, um das Bild des Staatspräsidenten zu entschuldigen, das neben Che hing.

Er nahm das Heft und starrte lange den Titel an. Sein Gesicht verfinsterte sich zunehmend und ließ meine Knie weich werden. Endlich, nach fast einer Viertelstunde, blätterte er um, las etwas, schüttelte den Kopf und blätterte weiter. Nach fast einer Stunde klappte er den Deckel zu und versank wieder in einer fernen Welt. Mir klopfte das Herz im Hals, ich erwartete dreihundertmal »ja« und genausooft »nein«.

»Deine Handschrift ist schön, Genosse, selten trifft man junge Leute, die noch so gekonnt kalligraphieren. Aber ich frage mich, ob du begreifst, in welchem Kampf wir und das Vaterland stecken? Wenn sich die Leser mit dem Helden nicht identifizieren können, was soll das Buch dann bewirken? Hm? Unterhaltung? Dein Held ist dekadent. Er wollte nur satt werden. Und wenn ich den Titel von Kapitel sechs richtig verstanden habe, bezog er seine Moral letztlich aus einem Bordell. Seine einzige wirkliche Liebe ist eine Hure! Korrigiere mich, Genosse, wenn ich unrecht habe. Eine Hure liebt dein Held! Und was für ein schäbiger, gerissener Hund er ist. Nichts ist ihm heilig, wenn es darum geht, sein Ziel zu erreichen. Und wofür? Um später den Clown zu spielen! Verstehst du, Genosse?« Weil ich wie versteinert dasaß und ihn anstarrte, fuhr er fort: »Ich frage dich, Genosse, hat dein Held auch nur einen einzigen Stein unseres Vaterlandes verteidigt? Etwa einen einzigen Schuß auf die Kolonialisten abgegeben? Nein! Eine Schande!«

»Steine hat er nicht verteidigt, aber Malula«, erwiderte ich zornig, »und soweit ich informiert bin, liegt Malula mitten in unserem Land. Außerdem hat Milad geduldig seinen Traum verteidigt und gegen den Hunger gekämpft.«

»Gegen den Hunger! Was ist der Hunger eines Menschen im Vergleich mit dem Hunger der Völker nach Freiheit? Und wofür kämpft er, wenn er keinen Hunger mehr hat?«

»Das mußt du ihn selbst fragen. Er ist verschwunden, aber was soll's? Er ist viel zu alt für den Kampf«, antwortete ich trotzig.

»Niemand ist zu alt für den Kampf. Genosse, wenn du mich nach meinem größten Unglück fragst, dann sage ich: meine Plattfüße. Ich bin dienstuntauglich. Meine kleinbürgerlichen Eltern freuen sich, daß ich nicht zum Militär muß, aber es ist das größte Unglück, in Damaskus, dem Herzen Arabiens, mit Plattfüßen auf die Welt zu kommen!« Der Verleger ereiferte sich noch eine Weile, doch ich hörte nicht mehr zu. Eine Viertelstunde später stand ich auf, nahm das Manuskript und ging nach Hause.

Nach dieser Ablehnung im Sommer 1968 habe ich nicht mehr versucht, das Buch einem Verleger anzubieten.

Neunzehn Jahre später, im Sommer 1987, veröffentlichte
ich einen Teil der Geschichte als Abschlußkapitel zur ersten
Auflage des Buches »Märchen aus Malula«. Welch ein
Glück empfinde ich in diesem Augenblick: Dreißig
Jahre nach der Niederschrift wird Milads
unglaubliche, aber wahre Geschichte
zum erstenmal in vollem
Umfang erscheinen.

Rafik Schami,
Sommer
1997

Ich muß zu meinem großen Bedauern zugeben, daß ich
diese Geschichte nicht erfunden habe. Ich habe sie
nur aufgeschrieben. Ihr Erzähler weiß nicht
einmal, daß aus seiner Geschichte
ein Buch geworden ist.

Rafik Schami,
Damaskus
1968

Erste Nacht

*Warum Milad
in die Fremde ging*

Schon die Hebamme wußte, daß mein Vater der langsamste Mensch auf Erden war. Allein um aus dem Bauch seiner Mutter herauszukommen, brauchte er zwei Wochen. Und es war kein Zufall, daß er Steinmetz wurde. Bei jeder anderen Arbeit ging ihm alles zu schnell. Doch seine Langsamkeit wurde ihm trotzdem zum Verhängnis. So sehr er sich auch mühte, die Leute waren unzufrieden mit ihm. Er war ihnen einfach zu langsam. Daß er die Steine liebte, die er mit seinem Meißel formte, würdigten sie nicht. Statt dessen witzelten sie über ihn.»Bei Jakob mußt du deine Grabplatte am Tag deiner Geburt bestellen, dann ist sie vielleicht zehn Jahre nach deinem Tod fertig.« Die Familie hungerte, und meine Mutter bat ihren Mann, schneller zu arbeiten, bevor der Hunger zur Bestie würde. Aber die Langsamkeit wohnte in den Adern meines Vaters, den man im Dorf nicht mehr Jakob, sondern »Schildkröte« nannte. Darüber erboste sich meine Mutter, aber meinem Vater gefiel der Name, denn er liebte Schildkröten sehr. Sie waren für ihn Zauberwesen, Steine, denen die Liebe Beine verliehen hatte, damit sie zu ihren Geliebten gelangen konnten.

Und er glaubte, nur die Angst, die größte Feindin der Liebe, würde Schildkröten in Steine zurückverwandeln.

Von den ersten Jahren mit meinen Eltern weiß ich nicht mehr viel, nur daß ich draußen spielte und immer hungrig war. Und daß ich mich mit fünf oder sechs Jahren unsterblich in ein blasses Mädchen namens Naime verliebte. Ich besuchte sie jeden Tag und spielte mit ihr. Eines Tages saß ich neben ihr auf der Treppe. Es war Winter, die Sonne schien, und Naime bot mir ein Stück von ihrem Brot an. Ich lehnte ab, trotz meines Hungers, denn ihre Mutter hatte mir erst erlaubt, mit Naime zu spielen, nachdem ich ihr hoch und heilig versprochen hatte, nie Naimes Brot und Früchte wegzuessen. Naime aß damals sehr wenig und sehr langsam. Sie war großzügig und ich wie alle Kinder gierig. Ich lehnte aber das Brot um der Liebe willen ab, schaute sie an und sagte: »Ich ...« Weiter kam ich nicht, denn plötzlich tauchte ein großer schwarzer Hund am Fuß der Treppe auf und bellte uns furchtbar an. Die Worte »... liebe dich« blieben mir im Hals stecken. Naime rannte erschrocken ins Haus und schlug die Tür hinter sich zu. Ich saß wie versteinert auf der Treppe, bis der Besitzer des Monsters, ein Schäfer aus der Nachbarschaft, seinen Hund zu sich rief. Danach wagte ich mich eine Zeitlang nicht mehr in die Nähe von Naimes Haus. Als ich es endlich wieder versuchte, war Naime nicht mehr da. Ihre Eltern waren nach Beirut gezogen.

Viel, viel später traf ich Naime unverhofft in Damaskus, und in kürzester Zeit saßen wir wieder nebeneinander in ihrem Zimmer, als hätte kein Hund je gebellt, als wären keine zwanzig Jahre vergangen. Aber davon erzähle ich dir später.

Wie ich schon sagte, hungerte unsere Familie, und wenn überhaupt etwas gekocht wurde, dann Weizengrütze mit zwei Löffeln ranzigem Olivenöl. Ein ekelhafter Brei. Der

Hunger wurde, wie meine Mutter befürchtet hatte, zur Bestie und fraß erst die Leidenschaft und dann die Liebe meiner Eltern auf. Mein Vater war aber, wie die meisten Pechvögel, unverbesserlich zuversichtlich, daß er irgendwann einen Ausweg aus der Armut finden würde. Und einmal schien wirklich Rettung in Sicht. Irgendwann beobachtete ihn ein Amerikaner bei der Arbeit und erklärte bewundernd, in Amerika würde man ihn als Künstler bezeichnen. Und das meinte er wirklich ernst, denn einen Monat später schickte er meinem Vater eine Schiffskarte für die Überfahrt nach Amerika und schrieb, bei seinem Bruder, einem Bauunternehmer in New York, würde eine Meisterstelle auf meinen Vater warten.

Kurz vor Weihnachten packte mein Vater seinen Koffer, um zusammen mit drei anderen Malulianern nach Amerika auszuwandern, doch am Tag ihrer Abreise wurde Malula von einer Banditentruppe angegriffen, und eine Belagerung begann. Die drei anderen Burschen schlichen sich hinaus, ehe das Dorf völlig eingekesselt war, und zogen über die Berge nach Beirut, wo sie sich nach Amerika einschifften. Mein Vater aber sagte, er könne das Dorf in dieser schweren Stunde nicht im Stich lassen. Im Grunde blieb er aus Sorge um meine Mutter, denn die totgeglaubte Liebe war trotz des Hungers durch den drohenden Abschied wieder entflammt. Mein Vater erklärte, er würde in New York keine ruhige Minute haben, wenn er seine Frau jetzt ihrem Schicksal überließe. Er wollte so lange bleiben, bis die Belagerer besiegt und vertrieben waren. Die Schiffskarte war undatiert, er konnte sie also auch noch später einlösen.

Ich werde nie vergessen, wie er zu meiner Mutter sagte, er brauche eben immer etwas länger und könne sich nicht so schnell daran gewöhnen, ohne sie Weihnachten zu feiern, deshalb würde er hierbleiben. Beide lachten Tränen über diese Erklärung, die so wenig zu ihrer Situation paßte, denn sie hatten absolut nichts zum Feiern, nichts außer der Hoffnung auf das nackte Leben.

Für dich und alle jungen Leute von heute wird das, was ich dir nun von Malula erzählen werde, wie ein Märchen klingen, doch du kannst sicher sein: Die grausamsten Märchen wiederholt das Leben zu allen Zeiten und an allen Orten.

Malula wurde im Verlauf der Jahrhunderte immer wieder angegriffen. Ich habe allein bis zum Ende der dreißiger Jahre mehr als sieben große Angriffe erlebt. Warum? Weiß der Teufel. Einer der Angreifer wollte, daß wir nicht mehr an Christus glauben, der andere, daß wir nicht mehr aramäisch sprechen, der dritte verlangte unsere Waffen und Pferde, der vierte unsere gesamte Ernte, der fünfte wünschte sich hundert junge Frauen, der sechste zweihundert Burschen für seine Armee. Und ich bin sicher, jeder Angreifer wollte eigentlich Malula vernichten, nannte aber zunächst mal nur eine Forderung, um den Widerstandswillen zu schwächen.»Warum nicht? Gebt ihm die Pferde, und er läßt uns in Ruhe«, sagten denn auch einige Dorfbewohner. Aber hätten die Malulianer in ihrer Geschichte nur einer Erpressung nachgegeben, wäre Malula heute nicht mehr. Die Angreifer konnten kommen und gehen, Niederlagen einstecken und mit etwas Glück trotzdem am Leben bleiben. Malula aber war dazu verurteilt, immer zu siegen. Die Malulianer durften keine einzige Niederlage erleiden, denn die erste wäre die letzte gewesen: der sichere Tod.

Im Lauf der Zeit rüsteten die Malulianer ihr Dorf auf und meißelten in den hohen Felsen große Höhlen, die Kindern und alten Menschen in der Stunde der Not Schutz boten; ein einziger Scharfschütze genügte, den Zugang wirksam zu verteidigen.

Als ich gerade vierzehn war, begann der Erste Weltkrieg. In Syrien herrschte zu dieser Zeit das Chaos. Jeder Halunke, der weder Leben noch Tod achtete, scharte ein paar Männer um sich und baute eine eigene Armee auf. Alle rechneten mit dem baldigen Zusammenbruch des großen osmanischen Reiches, und viele sahen den Augenblick gekommen, sich zu bereichern und ihre Macht auszuweiten. Spätestens beim Ausbruch des Araberaufstands 1916 gab es für niemanden mehr einen Zweifel, daß sich die Herrscher in Istanbul, der Zentrale des osmanischen Reichs, nicht mehr lange halten würden, was noch mehr Abenteurer auf den Plan rief, die mordend und raubend durch das Land zogen.

Und wie die Heuschrecken aus dem Nichts tauchten kurz vor Weihnachten die Angreifer vor unserem Dorf auf. Der Angriff auf Malula in jenem Winter, als mein Vater nach Amerika auswandern wollte, wurde angeführt von einem Offizier aus dem Norden. Er hatte den ehrgeizigen Plan, von Dorf zu Dorf zu ziehen, überall die Herausgabe der besten Männer samt Ausrüstung zu erpressen und dann nach Damaskus zu marschieren, um bei der neuen Machtverteilung mitzumischen. Er hatte bereits dreißig Dörfer überfallen und seine Bande, die beim Auszug aus der Kaserne nur dreihundert Mann zählte, zu einer wohlgenährten und gut ausgerüsteten Armee von dreitausend aufgestockt. Sich selbst hatte er zum General ernannt.

Malula zählte damals samt Kindern und Greisen höchstens tausend Einwohner. An Männern, die Waffen tragen konnten, gab es nicht mal zweihundert. Jeder einzelne zählte, und nun kannst du wahrscheinlich verstehen, warum mein Vater das Dorf nicht verließ.

Als sie die feindlichen Truppen anrücken sahen, bauten die Malulianer ihre Barrikaden auf und schaufelten drei lange Schützengräben am Eingang des Dorfs. Die mutigsten Männer wurden für die Verteidigung in vorderster Linie ausgewählt und bezogen Stellung in den Felsen um das Dorf herum.

Man versteckte Kinder und Frauen in einer großen Höhle, die Alten in zwei kleineren Grotten in einem der Felsen.

Als die Angreifer, vom Nachbardorf Ain Tine kommend, den ersten Schritt auf Malulas Boden setzten, hagelte es Kugeln von den Felsen. Der General stoppte den Marsch, um seine Männer auf einen harten Kampf vorzubereiten. Er wußte vom Ruf der Malulianer, und der Anblick der ungeheuren Felsen, die das Dorf schützend umgaben, flößte ihm ein Gefühl drohender Schwierigkeiten ein.

Damals gab es weder Hubschrauber noch Raketen. Wer die hohen Felsen besaß, beherrschte den Himmel. Der General schlug mit seiner Armee einen großen Belagerungsring um das Dorf, und nach fünf Tagen war Malula von der Außenwelt abgeschnitten.

Du kannst dir nicht vorstellen, was für ein Alptraum diese fünf Tage waren. Absolute Stille. Die Angreifer hielten sich außer Reichweite der Gewehre, und die Malulianer saßen in der Falle und beobachteten, wie sich ihre Feinde seelenruhig, fast heiter auf den Kampf vorbereiteten. Bald erkannten die Malulianer den teuflischen Plan des Generals. Rund um die Uhr sollte das Dorf von allen Seiten angegriffen werden, so daß die Verteidiger nicht zur Ruhe kommen und deshalb bald an irgendeiner Stelle Schwäche zeigen würden. Dann sollte eine mobile Truppe an dieser Stelle ins Dorf stürmen und den Verteidigern in den Rücken fallen. Der General verfügte über eine ganze Armee, so daß seine Männer sich abwechseln und zwischendurch ausruhen konnten. Die Malulianer nicht.

Die Männer um den Bürgermeister gelangten zu der Ansicht, daß es nur eine Chance gab: Sie mußten den Kopf der

Bande treffen, den General. Aber wie? Drei junge Männer aus Malula riskierten ihr Leben. Sie schlichen durch einen geheimen unterirdischen Gang unter den Belagerern hindurch und gelangten nach Ain Tine ins Lager der Feinde. Doch sie konnten den General nicht dingfest machen. Man hörte zwar seine Befehle und Anweisungen überall, aber die drei jungen Männer bekamen ihn nicht zu Gesicht. Zwei von ihnen fielen auf und wurden getötet, der dritte entkam und kehrte zurück. Er erzählte, daß der Anführer großen Respekt genieße und einige Soldaten von ihm wie von einem Heiligen sprächen.

In der eisigen Stille jener Dezembernächte saß ich manchmal am Feuer und schaute die Männer an, die schweigsam ihren Tee tranken. Sie hielten ihre zittrigen Hände an die Flammen und rieben sie vor Freude über die Wärme, lachend wie Kinder. Sie wußten, daß sie bald sterben würden. Ich konnte den Anblick nicht mehr ertragen. So lief ich zum Garten der Kirche des heiligen Georgios. »Gott, warum wir?« schrie ich den Himmel an und konnte nicht aufhören zu weinen.

Es war Weihnachten, das Fest der Freude, und wir saßen regungslos und grau vor Kälte in der feindlichen Stille. Plötzlich erlöste uns ein Junge namens Aptalla aus der Erstarrung. Wir sollten die Kerzen aus der Kirche nehmen und sie den Leuten geben, damit sie Weihnachten feiern könnten. Wir gingen in die Kirche, holten drei Holzkisten voller Kerzen und eilten zu den Höhlen und Schutzgräben, Plätzen und Winkeln. Und schon bald hörten wir die Gesänge der Frauen und Kinder aus den Höhlen.

Der Dorfsänger Chalil war einer der mutigsten und verwegensten. Er saß im ersten Wachposten, und als ich ihm kriechend seine Kerze brachte, umarmte er mich, entzündete sie versteckt in seiner Felsenhöhle und ließ dann seine klare, tiefe Stimme in der dunklen Nacht erschallen. Sein

Gesang hallte von den Felsen wider und gab vielen Dorfleuten Mut.

Einen Tag nach Weihnachten erschien vormittags ein Gesandter des Generals und verkündete dem Bürgermeister, daß die ganze Welt auf Seiten der angreifenden Truppen sei und sein Anführer inzwischen mit dem legendären Lawrence von Arabien in Kontakt stehe. Malula habe keine Chance mehr. Die Malulianer sollten die Vernunft des Nachbardorfs Ain Tine annehmen, das der Truppe friedlich das Doppelte des Verlangten überlassen habe. Ja, sogar die schönste Frau des Dorfes hätten sie dem General gegeben. Seine Exzellenz, der Führer der siegreichen Armee, kenne die Reichtümer Malulas und schätze die Tapferkeit seiner Männer, deshalb verlange er hundert junge Männer, fünfzig Pferde und zweihundert Säcke Weizen innerhalb von drei Tagen, dafür würde ihnen der General das Leben schenken.

Der Bürgermeister wußte, daß seine nächsten Worte nun Leben oder Tod bedeuteten, und bebte vor Aufregung, Angst und Zorn.

»Mag dein Anführer mächtig sein. Wir bestreiten es nicht. Wir sind einfache Bauern, aber wir glauben, daß nur Gott Macht über unsere Seelen hat und daß allein er entscheidet, ob wir am Leben bleiben oder nicht. Sage deinem General, wir geben Fremden immer ein Zuhause, aber Angreifer haben von uns nichts als den Tod zu erwarten.«

Der Bürgermeister drehte sich um und befahl seinen Männern, dem Gesandten zu essen und zu trinken zu geben und ihn in Frieden gehen zu lassen, wie es die Sitte vorschrieb.

Einen Tag später griffen die verfluchten Truppen des Generals das Dorf an.

Ich war mit fünf anderen Jugendlichen beauftragt, die Posten der vordersten Linie mit Munition, Wasser und Lebensmitteln zu versorgen. Ich sah meinen Vater mehrmals, doch immer nur kurz. Er war mit zehn anderen Männern unterwegs, um jeden Versuch der Angreifer zu unterbinden, sich hinter unsere Verteidigungslinien zu schleichen. Sie durchkämmten die Tennen, Gärten und Gassen und kämpften verbissen gegen jeden Soldaten, der versuchte, ins Dorf vorzudringen.

Eines Morgens hörte mein Vater in einem Haus ein Kind weinen. Er wunderte sich, sollten doch alle Kinder in der Höhle sein. Er trat gegen die verschlossene Tür und fand das Kind neben seiner toten Mutter sitzen. Die Nachbarn hatten in ihrer Eile die kranke Frau vergessen. Mein Vater wartete, bis es dunkel wurde, dann trug er das Kind zur großen Höhle in den Felsen. Er rief den Leuten zu, sie sollten die Leiter herunterlassen, doch sie hielten ihn für einen Angreifer. Es dauerte lange, bis ihn meine Mutter endlich erkannte, und noch länger, bis sie die ängstlichen Frauen überzeugen konnte, daß der Mann mein Vater war. Meine Mutter erzählte mir später, er sei durch die Anstrengung, Not und Angst so heiser geworden, daß selbst sie in der Dunkelheit ihre Zweifel hatte, ob die krächzende Stimme wirklich ihrem Mann gehörte.

Endlich ließen sie die Leiter herunter. Der Morgen dämmerte bereits. Mein Vater brachte das Kind zu den Frauen hinauf, doch auf dem Rückweg traf ihn eine Kugel des Feindes in den Rücken, und er fiel kopfüber von der Leiter in die Tiefe. Die Angreifer verstärkten an jenem Vormittag ihren Einsatz, und der Himmel regnete Feuer und Tod. Niemand wagte es, aus dem Versteck zu kommen und zu meinem Vater auf das offene Gelände zu schleichen, um ihn zu retten. An zwei Stellen durchbrachen die feindlichen Soldaten die Verteidigungslinien, und die Malulianer mußten alle Kraft aufbieten, um sie Gasse um Gasse wieder zurückzudrängen. Bis das gelungen war, war bereits die

Nacht hereingebrochen. Als meine Mutter schließlich mit zwei weiteren Frauen aus der Höhle kletterte, um meinen Vater zu bergen, war er verschwunden.

Nach fünf Wochen waren die Malulianer am Ende ihrer Kraft, denn der Belagerungsring war dicht, und während die Angreifer Berge von Munition und Lebensmitteln hatten, neigten sich in Malula die Vorräte dem Ende zu. Konnten die Malulianer in den ersten Tagen noch durch den geheimen Tunnel Lebensmittel aus Ain Tine besorgen, so wurde der unterirdische Gang bald durch Verrat entdeckt und zerstört. Der Hungertod drohte. Die Wachposten taumelten vor Müdigkeit wie betrunken. Drei Versuche, den General zu töten, schlugen fehl. Er war nicht auffindbar.

Eines Nachts hörte Chalil in der Stille seinen Freund Ali aus Ain Tine im feindlichen Lager den Soldaten Lieder singen. Ali war ein guter Sänger und Lautenspieler, und oft hatten Chalil und er die Nächte gemeinsam auf Hochzeiten verbracht und zum Vergnügen der Gäste um die Wette gesungen. In dieser Sekunde kam dem wachhabenden Chalil die rettende Idee. Er begann laut zu singen, daß er weit bis in die Reihen der Belagerer zu hören war. Das Lied sprach von Freundschaft und Treue in Not.

Ali verstand die Botschaft, und nun entspann sich – für die Feinde nicht erkennbar – ein Wechselgesang, in dessen Verlauf Chalil verschlüsselt die Frage stellte, wo sich der Anführer versteckt hielt. Das beantwortete Ali mit einem bekannten Lied, das von der Trauer eines verlassenen Liebenden erzählt. Der entscheidende Vers lautete: »Ich stehe vor den Ruinen meiner zerstörten Liebe, die einst mein Tempel war.«

In Ain Tine selbst gab es keine Ruinen, doch fünf Kilometer südlich davon lagen die Überreste eines großen griechischen Tempels.

Noch in derselben Nacht schlichen zehn Männer unter Führung von Chalil dorthin und töteten den General und drei seiner Offiziere in ihrem Versteck, einer unterirdischen Kammer unter dem Altar.

Kurz nach Sonnenaufgang entdeckten die Wächter die Leichen. Die Nachricht vom Tod ihres Anführers versetzte die Männer in Panik, und viele ergriffen die Flucht. Das Chaos gebar tausend Streitereien um die Beute und darum, ob man bleiben oder weggehen sollte. Zwei Neffen des Anführers fielen übereinander her, jeder von ihnen scharte seine Anhänger um sich und wollte sich zum Nachfolger des ermordeten Generals erklären. Noch bevor die Sonne im Zenit stand, fielen die ersten Schüsse zwischen den Rivalen.

In der Mittagsstunde zog der Bürgermeister von Malula alle seine noch einsatzfähigen Männer zusammen und gab ihnen den Befehl, mit geballter Kraft die feindlichen Truppen anzugreifen. Die Attacke brach den Banditen endgültig das Rückgrat und machte der Belagerung und dem Alptraum ein Ende.

Die Frauen in den Höhlen begannen zu jubeln und fröhliche Lieder zu singen. Doch bald darauf verstummten sie, als viele von ihnen erfuhren, daß ihre Männer ihr Leben verloren hatten.

Malula war wieder einmal davongekommen, hatte aber einen hohen Preis dafür bezahlt. Viele Häuser lagen in Trümmern, die Felder waren verbrannt und die besten Männer gefallen.

Von meinem Vater war keine Spur mehr zu finden. Manche vermuteten, die Hyänen hätten seine Leiche gefressen. Andere sagten, er hätte das Dorf verflucht und sei mit der Kugel im Rücken nach Amerika ausgewandert. Nur Gott weiß, wo er wirklich geblieben ist.

Meine Mutter und ich hungerten weiter wie vorher. Obwohl sie noch jung und schön war, wollte niemand sie heiraten. Warum? Das hat eine kleine Geschichte. Meine Mutter wurde bereits mit vierzehn Jahren von einem Mann namens Habib begehrt, einem feurigen, leichtsinnigen Menschen. Habib war der einzige Sohn einer reichen Familie, die früher ein mächtiger Clan gewesen war, nun aber durch Krieg und Emigration zu den kleinsten Familien zählte. Daher hegte Habibs Vater große Hoffnung auf eine kinderreiche Ehe seines einzigen Sprößlings, und dieser umwarb meine Mutter mit allen Mitteln, die ein junger Mann aus reichem Haus besitzt. Sie aber fürchtete sich vor seinen Launen und noch mehr vor seiner hartherzigen Mutter. Gerade die Ablehnung raubte ihrem Verehrer aber offenbar die letzten Hemmungen. Fortan lauerte er ihr überall auf, schlich sich in der Nacht zu ihr und erschreckte sie mit wirren Vorschlägen: Er wollte mit ihr vom Felsen in den Tod springen oder redete davon, gemeinsam Wein zu trinken und sich dann die Adern aufzuschlitzen und zu warten, bis Wein aus der Wunde fließe. Meine Mutter war verzweifelt, aber sooft sie ihn auch fortschickte, er kam immer wieder und verfolgte sie bis in ihre Träume.

Dann tauchte mein Vater auf, der in allem das Gegenteil von Habib verkörperte. Er war spröde und in sich ruhend wie ein großes Stück Treibholz, an das sich meine Mutter um so stärker klammerte, je mehr der wütende Ansturm ihres Verehrers Habib sie in die dunklen Tiefen seiner Leidenschaften hinabzuziehen versuchte. Meine Mutter verliebte sich in den langsamen, armen Steinmetz.

Die Eltern meiner Mutter waren bettelarm. Sie redeten auf ihre Tochter ein, sie solle Habib willig und lieb zu ihm sein. Und sie stellten sich trotz wiederholter Mahnungen der Nachbarn taub und blind bei den nächtlichen Besuchen des verliebten Todessüchtigen. Doch als die Tochter sie zwang, einmal heimlich zu horchen, was ihr der Verrückte für Abenteuer vorschlug, erschraken die Eltern zu Tode.

Und eher aus Angst vor Skandalen als aus Liebe und Überzeugung stimmten sie der Ehe mit dem armen Steinmetz
zu. Der enttäuschte Habib aber beging an dem Tag, als
meine Eltern getraut wurden, vor der Kirchentür Selbstmord, und die wenigen Gäste, die der bescheidenen Hochzeit beiwohnten, suchten entsetzt das Weite, als sie den jungen Mann auf dem Kirchhof in seinem Blut liegen sahen.

Habib blieb auch nach seinem Tod ein Fluch für meine
Mutter, denn das ganze Dorf trauerte um ihn, und sein Vater verfluchte meine Mutter: Sie hätte seinen Sohn auf dem
Gewissen. Und dies am Tag ihrer Hochzeit! Fluchtartig
rannten meine Eltern durch das Dorf, von den Blicken der
Nachbarn gegeißelt. Meine Mutter, ängstlich wie ein gehetztes Tier, versteckte sich in einer großen Truhe. Mein
Vater verspürte keine Angst. Seine Langsamkeit schenkte
ihm einen seltsamen stoischen Gleichmut. Er fühlte sich
aber, da es ja der Tag seiner Hochzeit war, nach kurzer Zeit
einsam in der kleinen Wohnung und gesellte sich zu meiner
Mutter in die Truhe. Um die vor Angst schlotternde Frau zu
beruhigen, nahm er sie in den Arm, und sie war sicher, daß
ich in jenen Augenblicken gezeugt wurde, während drau
ßen das Geheul von Tod und Rache den Himmel erfüllte.

Das Gerücht kam auf, meine Mutter würde von einem
Dämon geliebt, der alle Männer tötete, die ihr näherkamen. In den fünfzehn ruhigen Ehejahren meiner Eltern
geriet dieses Gerücht mehr und mehr in Vergessenheit,
doch als mein Vater starb und man noch dazu seine Leiche
nicht fand, flammte es wieder auf, und die Männer mieden
meine Mutter wie die Pest. Ohnehin gab es durch Krieg
und Auswanderung einen Überschuß an heiratswilligen
jungen Frauen, und jeder Greis, der nur ein paar Brote
mehr besaß, als er zum Leben brauchte, konnte sich eine
Frau aussuchen.

Zwei Jahre lang dauerte es, bis meiner Mutter, vom Hun

ger getrieben, die Verführung eines widerlichen Bauern gelang. Er war zwanzig Jahre älter als sie und hatte bis zur Hochzeitsnacht außer seiner Eselin noch kein weibliches Wesen berührt, geschweige denn geliebt. Doch statt meine Mutter zu verwöhnen, schlug er schon in der Hochzeitsnacht auf sie ein. Mich wollte er überhaupt nicht in seinem Haus dulden.

Er ließ mich wie einen Sklaven arbeiten und gab mir noch weniger zu essen als seinem verlausten Hund. Ich schlief im Stall unter Ziegen und Schafen, bald stank ich selbst wie ein Ziegenbock und haßte mich dafür.

Er war unberechenbar, wenn er getrunken hatte. Und er trank jeden Abend. Oft fing er dann an, meine Mutter unter dem Rock zu kneifen, ohne sich im geringsten vor mir zu schämen. Ich saß den ganzen Abend mit seinem Hund auf der Türschwelle.

Einmal flehte meine Mutter ihn an, Rücksicht zu nehmen und zu warten, bis ich schlafen ging.

»Was?« entsetzte er sich, »vor diesem Wurm soll ich mich schämen. Du gehörst mir wie meine Eselin und mein Hund, ich mache mit dir, was ich will, wann ich will.« Daraufhin warf er sie brutal zu Boden und bestieg sie vor meinen Augen. Ich rannte heulend davon, ihre Schreie verfolgten mich bis in den Stall.

Manchmal betrank sich meine Mutter, damit sie nicht richtig spürte, was er alles mit ihr anstellte; im Rausch zog der Alptraum schneller an ihr vorüber, doch die Spuren der Grobheit konnte man Wochen danach noch sehen.

Meine Mutter war vor ihrem Schicksal erstarrt wie der Hase vor der Schlange. Sie wollte lieber sterben als wieder allein sein, und war der Mann fünf Minuten gut zu ihr, so erzählte sie tagelang davon, bis er sie mit einem Fußtritt, einer Ohrfeige oder einer wüsten Beschimpfung abermals aus ihrem Traum weckte.

Sie hatte einfach Pech, denn wäre dieser Mann nicht direkt aus der Hölle gekommen und hätte er nur einen einzigen menschlichen Zug an sich gehabt, so hätte er wahre Freude an seiner freundlichen und bescheidenen Frau gefunden. Aber irgend etwas hatte ihn zum Teufel gemacht. Die Nachbarn haßten ihn und verachteten uns. Meine Mutter war vollkommen einsam. Sie hatte nur eine Schwester, Tante Faride, die mit ihrem Mann in der Nähe von Aleppo wohnte. Drei Onkel und zwei Tanten waren kurz nach meiner Geburt nach Kanada ausgewandert. Die Eltern meiner Mutter waren arme, einfältige Bauern, die keiner beachtete, und meine Verwandten väterlicherseits wollten von uns nichts wissen. Sie mißverstanden die Suche meiner Mutter nach einem Mann und ihre Angst vor Einsamkeit und Hunger als kaltherzige Geilheit, die sie scheinbar meinen Vater schnell vergessen ließ.

Als ich einmal meinen Onkel, den ältesten Bruder meines Vaters, beim Friseur begrüßte, erwiderte er meine Anrede nicht, sondern bespuckte mich und schimpfte mich einen Hurensohn. Ich war einsam. Und doch, mitten in dieser Leere tauchte eine Prophetin auf, die mir alles genau erzählte. Sie war die blinde alte Patin meines Vaters. Sie war damals über achtzig, aber frischer als eine Zwanzigjährige, und sie hatte einen scharfen Geist. Ich wußte von ihr nicht viel, doch wenn ich sie grüßte, erwiderte sie den Gruß trocken, aber nicht unfreundlich. Eines Tages saß ich vor dem Stall und wartete auf das Stück Brot, das meine Mutter immer abends herausschmuggelte, damit ich in der Nacht meinen Hunger stillen konnte. Da kam die Frau vorbei, langsam ertastete sie sich mit ihrem Stock den Weg. Ich grüßte und fragte sie, ob ich ihr helfen sollte. Die Frau blieb stehen und antwortete: »Nein, du sollst dir selber helfen, wenn du noch kannst. Nimm deine Mutter und flieh, sonst wird dieser Teufel euch umbringen. Wenn ihr das nicht

seht, seid ihr, du und deine Mutter, blinder als ich.« Doch
meine Mutter wollte nicht auf mich hören. Im Gegenteil,
oft schloß sie sich der Meinung ihres Peinigers an, um sich
zu retten, und ich stand allein da, verlassen und ängstlich.
Nie wieder hatte ich solche Angst wie in jenen Nächten.

Sicher hatten wir Nachbarn, waren wir umgeben von
Menschen, doch alle kannten meinen verfluchten Stiefvater und mieden ihn und uns. Und so wurden Malulas Häuser und Gassen zu leeren, grauen Schluchten. Das einzige
Wesen, das ich jeden Tag sehen konnte, sooft ich wollte,
war ein Verrückter, der den ganzen Tag, Sommer wie Winter, auf dem Balkon seines Hauses saß. Er war nicht viel älter als ich. Seine Eltern waren wohlhabend und wollten ihn
nicht in die Irrenanstalt schicken. Die Entfernung zwischen meinem Stall und seinem Balkon betrug nicht einmal vier Meter, und bereits am ersten Tag begrüßte er mich
überschwenglich, winkte erst mit der Hand und zog dann
sein weißes Hemd aus und wedelte lange damit herum wie
ein Schiffbrüchiger, der auf Rettung hofft.

Dieser Verrückte war einer der wenigen, die mir in jener
Zeit fröhlich begegneten. Gleich am Anfang erkundigte er
sich nach meinem Schicksal, und ich erzählte ihm alles,
doch als er mich fragte, warum ich in den Stall gehe, und
ich ihm aus Verlegenheit sagte, weil ich ein Ziegenbock sei,
hielt er inne. Ich dachte, nun würde er losbrüllen, aber er
weinte nur leise und versuchte, mit einem elend mißglück-
ten Lächeln seine Tränen zu schlucken. Von nun an wartete
er jeden Tag, bis ich vom Feld zurückkam und ihn gegrüßt
hatte. Erst dann war er bereit, auf seine Mutter zu hören
und ins Haus zu gehen. Er trug auch im Winter bei klirren-
der Kälte immer nur ein Hemd. Gott gebe seiner Seele
Ruhe. Er rettete mich damals mit seinem Winken und Lachen davor, ein Esel oder ein Ziegenbock zu werden.

Später, viel später heiratete er eine einfältige Frau und

wurde ruhiger. Er führte ein zufriedenes Leben mit ihr, und du wirst es mir nicht glauben: Die zwei bekamen ein Mädchen und einen Jungen, und beide waren genial. Die Gnade Gottes sorgte für die richtige Mischung aus der Verrücktheit des Vaters und der Einfalt der Mutter, nichts anderes ist Genialität. Die Tochter wurde eine der besten Ärztinnen Arabiens und der Sohn ein Dirigent und berühmter Komponist in den USA. Und beide beherbergten mich später, wann immer ich bei ihnen auftauchte, weil ihr Vater behauptet hatte, ich hätte ihm in jener schweren Zeit das Leben gerettet. Er hatte sich damals jeden Tag das Leben nehmen wollen, so elend fühlte er sich, weil sein geliebter Bruder aus Verzweiflung während der Belagerung in den Tod gegangen war. Doch er führte seinen Vorsatz nie aus, weil er sich Sorgen um mich machte und fürchtete, daß ich ohne ihn bald sterben würde. Vielleicht hatte er recht, denn es war die Hölle bei meinem Stiefvater.

Wie viele arme Burschen versuchte auch ich, durch Höflichkeit und Fröhlichkeit den Menschen in Malula näherzukommen. Ich hatte auch Freunde, doch wenn sie vor meinem Stall standen und riefen, ich solle herauskommen und mit ihnen spielen, kam dieser Teufel zu mir und schlug auf mich ein, bis ich hinaustrat und meine Freunde laut beschimpfte, wie er es befohlen hatte. Sie waren natürlich entsetzt, doch als ich es ihnen später erklärte, schlug einer der klugen Bauernburschen eine Tarnung vor. Wenn sie mich zu sich holen wollten, riefen sie ein paar Häuser weiter nach einem Hassan, und da in der Gegend kein Hassan lebte, wußte ich, daß ich gemeint war, und schlich unauffällig aus dem Stall. Doch es gelang mir immer nur für kurze Zeit, ihm zu entkommen. Wo immer ich mich im Dorf auch versteckte, er stöberte mich auf und brachte mich zurück in seine Hölle. Mehr und mehr wuchs in mir die Überzeugung, daß ich fliehen mußte, wollte ich nicht zugrunde gehen.

Doch ich wußte nicht, wohin. Es wurde von Tag zu Tag schlimmer mit meinem Stiefvater. Er nannte mich nur noch Schwein und Dieb und verbot meiner Mutter, mich anzufassen und mir zu essen zu geben, und wenn ich etwas anstellte, ließ er mich halb verhungern. Meine Mutter mußte mir dann heimlich etwas zustecken. Eines Tages erwischte er sie dabei und verprügelte sie erbarmungslos. Als hätte sie seine Mutter umgebracht, schlug er wie besessen auf sie ein. Es schien eine Ewigkeit zu dauern, schließlich konnte ich es nicht mehr ertragen, nahm das Küchenmesser und stürzte auf ihn los. Er aber schlug mir mit der Faust ins Gesicht und brach mir die Nase. Und wäre er dabei nicht ausgerutscht, hätte er mich totgeschlagen. Ich rannte weg, so schnell mich meine Beine trugen, und versteckte mich in einer der Felsenhöhlen. Meine Nase blutete und tat sehr weh, doch der Hunger schmerzte noch mehr. Ich konnte nicht schlafen. Im Dunkeln weinte ich und rief leise nach meiner Mutter, während ich beobachtete, wie mein Stiefvater mich suchte. Sein wütendes Gebrüll gellt mir bis heute in den Ohren. Irgendwann schlief ich ein. Da erschien mir eine Frau in einem blauen Kleid, so blau wie der Himmel von Malula. Sie sprach leise und streichelte meine Nase.

»Hast du Geduld, Milad?« fragte sie, und als ich nickte, fuhr sie fort: »Du mußt das Dorf verlassen. Viele müssen das Dorf verlassen, aber nur dir gehört mein Schatz. In den nächsten Jahren mußt du einmal einundzwanzig Tage hintereinander satt werden. Dann sollst du zu mir kommen, und so, wie der Regenbogen mit seinen Farben den Himmel beschenkt, werde ich dein Herz mit Freuden erfüllen.« Das war es, was die Fee versprach. Ich wachte auf und spürte wieder den Hunger, aber meine Nase schmerzte nicht mehr. Ich wollte zu meiner Mutter laufen, als plötzlich ein Heuschreckenschwarm die Sonne verdunkelte. Die Leute rannten auf ihre Felder, um zu retten, was noch zu retten war, aber die Heuschrecken waren schneller und fraßen alles nieder. Ich schlich aus meiner Höhle und sättigte mich, indem ich Hunderte von Heuschrecken fing und auf einem kleinen Feuer röstete.

Am anderen Tag sah ich von meinem Versteck aus, wie
viele Malulianer das Dorf verließen, um sich und
die Zurückbleibenden zu retten. Nun war
ich sicher, daß ich nicht geträumt hatte.
Einundzwanzig Tage wollte ich
satt werden, und dann
nichts wie zurück
zu meiner
Fee!

Zweite Nacht

Was Milad beim frommen Mann erlebte

Nachdem ich Malula den Rücken gekehrt hatte, irrte ich ziellos von Dorf zu Dorf. In der Nacht plagte mich der Hunger, am Tag dazu die Sonne. Ich ging von Haus zu Haus, aber wohin ich auch kam, die Heuschrecken waren schon vor mir dort gewesen. Die Bauern hungerten und aßen ihre verendeten Ziegen und Schafe oder sogar ihre eigenen Abfälle, und wenn ich nach Arbeit fragte, lachten die meisten bloß bitter und erklärten, ich müsse verrückt sein.

Ich wollte mich nicht weit von meiner Mutter entfernen, deshalb umkreiste ich Malula, und in der Nacht rief ich nach ihr. Aber je länger ich durch die umliegenden Dörfer schweifte, desto klarer wurde mir, daß ich in dieser ausgebrannten Gegend nie im Leben einundzwanzig Tage würde satt werden können. Und als ich eines Tages einen alten Mann von der kleinen Stadt Jabrud schwärmen hörte, die in der Nähe Malulas lag, brach ich dorthin auf.

Bei meiner Ankunft erfuhr ich, daß die Heuschrecken Jabrud verschont hatten. Eine gesegnete Stadt, dachte ich, doch die halbverhungerten Bauern aus den Dörfern füllten auch hier die Straßen auf der Suche nach Arbeit. Für eine

Zwiebel und ein Stück Brot waren sie bereit, einen ganzen Tag lang zu schuften. Sie wühlten in den Mülltonnen und schlugen die Hunde tot, die ihnen ihre Funde streitig machen wollten.

Mit Gesang erbettelte ich mir vom Morgen bis zum Mittag ein paar Brotfladen. Ich hatte damals keine schlechte Stimme. Am Mittag tauschte ich mit einem anderen Bettler einen Brotfladen gegen ein gekochtes Ei, doch kaum hatte ich das Ei gepellt, als sich plötzlich ein großer Bursche vor mir aufpflanzte. »Du bettelst in meinem Gebiet, her mit dem Ei und dem Brot, oder du bekommst meinen Stock zu spüren«, brüllte er mich an. Ich hatte Angst, doch mein Hunger besiegte meine Furcht. Ich steckte das Ei in den Mund und biß schnell ins Brot. Der Bettler schlug auf mich ein, doch ich biß immer weiter vom Brot ab und würgte die Stücke hinunter, bis ich in Ohnmacht fiel. Als ich wieder zu mir kam, standen viele Menschen um mich herum und schauten entsetzt auf mich herab. Schmutzig und häßlich wirkten sie wie Gestalten aus der Hölle. Ein fromm aussehender Mann trat auf mich zu und fragte, ob ich ihm dienen wolle. Ich wusch meinen Kopf an einem Brunnen und lief hinter meinem neuen Herrn her. Zum Teufel mit mir, wenn es mir bei diesem vertrauenerweckenden Mann nicht gelänge, einundzwanzig Tage lang den Hunger zu stillen. Doch es sollte anders kommen.

Sein Haus lag am Rand der Stadt. Es war groß und leer. Ich wunderte mich, doch mein Herr erklärte mir, warum er allein lebte. »Frauen sind unersättlich und sündhaft«, sagte er. Dann sprach er sein Mittagsgebet und zeigte mir eine winzige Kammer unter der Treppe, in der ich schlafen sollte. Als ich eine Anspielung auf die vierzehn leeren Zimmer des Hauses machte, sprach er von verschwenderischem Leichtsinn, der ihn ruinieren könnte. Er selbst schlief in einer schäbigen Kammer unter dem Dach. Die anderen

Zimmer sollten vor der Feuchtigkeit menschlichen Atems geschützt werden. Ich habe später viele Geizhälse erlebt, aber einen wie diesen nie wieder.

Nicht einmal einen Brunnen hatte sein Haus. Ich mußte das Wasser in Krügen von der Quelle holen und auf dem Rücken seines kleinen Esels nach Hause schaffen. War ich mit dem Aufräumen und Fegen fertig und gab es keine Arbeit auf dem Feld, mußte ich mit dem Esel auch Wasser zu den entlegenen Häusern schleppen. Als ob ihm sein großes Vermögen noch nicht reichte, machte er den Wasserträgern ihr Brot streitig. Dabei postierte er sich immer an der Quelle, um jeden Piaster selbst zu kassieren. Den Esel mußte ich Tag für Tag auf die Weide bringen, damit er sich selbst ernähren konnte. Das arme Tier war so schwach, daß es nicht einmal seine Ohren heben mochte. Sie hingen dauernd herunter. Erst als es Sommer wurde, ging es dem Esel etwas besser, da überall Melonenschalen herumlagen, die er fressen konnte. Im Stall gab es nicht einmal Heu. Mir gönnte der Geizkragen genausowenig, weder einen verfaulten Apfel noch eine Traube, obwohl er Weinberge und Obstgärten genug besaß. Gingen wir in die Weinberge, sagte er mir:»Milad, schlag dir den Bauch in den anderen Gärten voll, denn meine Reben sind kostbar.« Doch sobald ich eine Traube aus einem benachbarten Weinberg gestohlen hatte, rief er mir zu:»Laß mich probieren, ob sie auch süß sind.« Er steckte die ganze Traube in den Mund, und mit einem Ruck zog er den nackten Stiel wieder heraus. Keine einzige Weinbeere war mehr daran. So verschlang dieser Schmarotzer Obst und Gemüse aus den Gärten der Nachbarn und betete dabei laut zum Allmächtigen, er möge Erbarmen mit meiner schwachen Seele haben. Erreichten wir sein Feld, band er mir einen Maulkorb aus geflochtenem Hanfgarn vors Gesicht.»Das hilft gegen die Verlockung«, sagte er, und dann ernteten wir den ganzen Tag.

Niemand wollte bei ihm arbeiten, aber die Menschen waren in jenem Jahr so vom Hunger geplagt, daß sich etliche die Maulkörbe umbinden ließen und sich für einen Hungerlohn abrackerten. In Malula bindet man nicht einmal Tieren das Maul zu. Selbst der ärmste Bauer verbietet seinem Esel nicht, beim Mähen und Dreschen vom Weizen zu fressen, denn das Tier segnet die Ernte. Der Geizkragen aber erlaubte nicht einmal, eine Beere vom Boden aufzulesen und zu essen; doch er betete jeden Tag fünfmal.

Eigentlich war er nur um der Knauserei willen fromm. Denn Sünde ist kostspieliger als Frömmigkeit. Bloß deshalb hörte er auf den Scheich der Moschee, einen gerissenen Fuchs, wie ich später feststellte. Dieser Scheich besuchte meinen Herrn täglich und debattierte mit ihm über die Qualen der Hölle. Manchmal hörte ich ihnen heimlich zu. Am Ende bekam ich ein banges Gefühl, denn die Welt schien mir nur noch aus einer einzigen Falle zu bestehen, die dazu da war, Menschen für die Hölle einzufangen. Gott schien besonderes Vergnügen daran zu finden, die Menschen dem trickreichen Teufel in die Arme zu treiben.

In meiner Kindheit hatte ich den strengen katholischen Pfarrer Markus gegen die Muslime wettern hören. Er hatte gesagt, er hasse den Islam allein deswegen, weil diese Religion keine Beichte und deshalb keine echte Reue kenne. Schlechtes Gewissen war nach seiner Ansicht die Kardinalstütze des Christentums. Und ich beneidete in meinem Herzen die Muslime, die nicht jeden Sonntag niederknien und sich von Pfarrer Markus wegen jeder Weintraube im Mund und jeder Steifheit in der Hose niedermachen lassen mußten. Nach der Beichte war ich immer am Boden zerstört gewesen, denn Pfarrer Markus beschimpfte mich als Folterer des Herrn. Ich sei schlimmer als die Juden, sagte er. Sie hätten Jesus nur einmal und unwissend gekreuzigt, ich aber würde ihn täglich und vorsätzlich kreuzigen. Furchtbar war das. Ganze Nächte hindurch lag ich wach und flehte den Erlöser um Verzeihung an, weil ich am Tag wieder einen Apfel geklaut und die schönen Beine unserer Nachbarin angeschaut hatte, während sie sie enthaarte. Von schlechten Gedanken über meine Mitmenschen ganz zu schweigen. Sie waren Dauergäste in meinem Hirn.

Kannst du dir vorstellen, wie ein Kind im Bett liegt und sich für die vielen Nägel entschuldigt, die es Jesus wegen billiger Genüsse und verbotener Blicke verpaßt hat? Nicht irgendwelche Nägel, sondern große rostige wie der, den Pfarrer Markus immer wieder in die Kirche mitbrachte. Der war etwa zwanzig Zentimeter lang und so dick wie sein Zeigefinger. Pfarrer Markus hielt ihn den Gläubigen vor die Augen und rief mit erregter, heiserer Stimme: »Hier ist einer der Nägel, die damals in Palästina für die Kreuzigung von Menschen benutzt wurden. Schaut euch den Nagel an, ihr Sünder, mit jeder Sünde schlagt ihr diesen scheußlichen Nagel tiefer in das zarte Fleisch unseres Herrn. O Gott, lieber will ich sterben, im Feuer schmoren, von den Hyänen bei lebendigem Leib gefressen werden als dir, meinem geliebten Herrn Jesus Christus, das anzutun.«

Diese Vorstellung gab Pfarrer Markus fast jeden zweiten Sonntag.

Einem wie ihm mußte der Islam, der solche Schuldgefühle nicht kennt, natürlich ein Greuel sein, und Luther war für ihn nichts als ein Moslem, der den wichtigsten Teil des Christentums abgeschafft hatte, nämlich die Reue durch die Beichte.

Dieses Bild hatte auch ich vom Islam, ehe ich zu dem verfluchten Geizkragen kam. Nun saßen er und der Scheich stundenlang in der Stube oder auf der Steinbank vor dem Haus, schlugen um die Wette Fliegen und Mücken tot und labten sich an den Qualen der Hölle. Sie übertrafen sich gegenseitig im Erfinden von immer neuen Foltern. Pfarrer

Markus war mit seinem rostigen Nagel geradezu ein sanftes
Lamm gewesen im Vergleich zu diesen beiden, die den armen Sündern Schlangen, Hyänen und Skorpione an den
Hals prophezeiten und ihnen keine Aussicht auf Erlösung
oder Erholung von ihren Qualen gönnten. Genüßlich mal-
ten sie sich aus, wie die Unseligen in kochendem Öl gesot-
ten oder in brodelndem Teer paniert würden, und das
Ganze dachten sie sich so, daß jede Wunde sich schnell wieder schlösse und eine wundersam zarte neue Haut nach-
wüchse, damit das Leiden wieder von vorn beginnen
konnte.

Sooft sich die beiden trafen, ergötzten sie sich an diesen
höllischen Phantasien und der Jagd nach Fliegen und Mük-
ken. Der Geizkragen liebte den Scheich, der nicht einmal
ein Glas Wasser zu sich nahm. »Spende es der Moschee, ich
habe es als armer Sünder nicht verdient«, sagte der Scheich.
Ich hielt ihn für einen Verrückten. Viel später erst begriff
ich, wie dumm ich damals gewesen war.

Ab und zu mußte aber selbst der Geizhals einen Gast be-
wirten, noch dazu einen, den er noch mehr haßte als die
Schlangen der Hölle. Am Ende eines jeden Monats wurde
mein Herr nämlich vom Ortsvorsteher heimgesucht. Der
war gefräßiger noch als die Heuschrecken. Gott verbrenne
seine Seele! Der Pfennigfuchser wurde jedesmal ganz
krank davon, aber er mußte ordentlich auffahren. Monat
für Monat kam der Kerl vorbei, aß wie ein Scheunendre-
scher, trank zwei Flaschen Wein und nahm sechs mit nach
Hause. Dafür trug er den Geizhals in die Liste der Habe-
nichtse ein und erließ ihm die Steuern.

Anfangs hatte ich noch gedacht, mein Fleiß und die Zeit
würden das Herz meines Herrn erweichen, doch es verstei-
nerte von Monat zu Monat mehr. Hatte es im April, als ich
zu ihm gekommen war, bei der einzigen Mahlzeit am
Abend zu den zwei winzigen Kartoffeln noch ein Stück

Hammelfett gegeben, so band er das Fett im Mai an einen Faden und kochte es zusammen mit den Kartoffeln. Ich bekam die Suppe, das Hammelfett aß er allein. Im Juni schaffte er das Hammelfett ganz ab. Als ich danach fragte, erwiderte er: »Milad, Fett macht dick und träge.« Ich hatte damals außer meiner blassen Haut nichts auf den Knochen und sah älter aus als heute. Es half auch nicht, vor Hunger zu schreien. »Bete, Milad, bete, damit der Allmächtige dich mit seiner unendlichen Gnade sättigt«, war dann seine Antwort. Ich flehte Gott an, diese geizige Seele zu sich zu nehmen, doch mir schien, daß auch Gott es nicht eilig hatte, den miesen Kerl als Nachbarn zu haben.

Eines Sonntags ging ich in die Kirche, um Trost für meine Seele zu suchen. Das war für mich die einzige Erholung, gegen die der Geizhals nichts einzuwenden hatte. Der Gottesdienst hatte noch nicht angefangen, als ein Raunen durch die Menge ging: Elias, einer der wenigen christlichen Räuber, habe mit seinen Männern die Kirche umstellt. Er war bekannt für seine Grausamkeit. Eine große Unruhe erfaßte die Leute. Unter den Besuchern der heiligen Messe waren auch Polizisten und Armeeoffiziere, mit denen in diesem Moment eine erstaunliche Wandlung vor sich ging. Ihre Gesichter, eben noch glatt, stolz und aufgeblasen, fielen ein, ihre Haut sah fahl aus und schrumplig wie ein alter Apfel. Ihre Kiefer wurden zu Kastagnetten, an denen eine Flamencotänzerin mit Sicherheit ihre Freude gefunden hätte.

Eine Frau überwand ihre Furcht und sagte in die blasse Runde: »Wenn die Herren Offiziere Angst haben, können sie sich unter unseren Kleidern verstecken. Wie ich hörte, vergreift sich Räuber Elias nicht an Frauen.« Nur wenige verstanden den giftigen Witz und lachten. Einer der Offiziere, der vor Angst fast grün im Gesicht war, nahm den Vorschlag nicht nur ernst, sondern beinahe auch an.

Der Pfarrer, ein witziger alter Libanese namens Bulos Tuma, der von seinem Kloster in diese Kirche strafversetzt worden war, unterbrach den Gottesdienst und wollte hinausgehen und mit dem Räuber sprechen. Einige der wohlhabenden Frauen und Männer brachten ihren Schmuck und ihre dicken Geldbeutel bei ihren Bediensteten unter, ein beliebter und törichter Trick, der damals jedem Räuber bekannt war. In dem Augenblick, als Pfarrer Bulos die Stufen vom Altar herunterschritt, betrat der Räuberhauptmann in Begleitung von zwei Leibwächtern die Kirche. Er sah imposant aus, groß und kräftig, hatte helle Haut und rabenschwarze Haare. Zwei Munitionsgürtel kreuzten seine Brust. Er nahm seine Kopfbedeckung ab.

»Das ist ein Gotteshaus, Elias«, rief der Pfarrer mit fester, klarer Stimme.

»Ja, Vater, deshalb bin ich gekommen«, antwortete der Räuber. Aber was sage ich da! Er antwortete nicht, er donnerte. So eine Stimme habe ich nie wieder gehört. Ein Donner, der Arabisch sprechen konnte. Die Kirche bebte, und die Kristalleuchter und Lampen vibrierten und erzeugten einen musikalischen Nachklang seiner Worte.

»Ich will beichten, weil ich möglicherweise morgen sterben werde. Eine Schlacht steht bevor. Herr Pfarrer, bringen wir es schnell hinter uns, ich muß weg hier, bevor jemand die Polizei alarmiert.«

Ein Aufatmen erfüllte die Kirche, als der Pfarrer in den Beichtstuhl hinter dem kleinen Altar eilte. Du mußt wissen, daß die Kirche winzig klein war, so hörten wir alle die Beichte des Räubers, da dieser trotz wiederholter Mahnungen des Pfarrers nicht leise sprechen konnte.

»Ich habe letzte Woche«, schallte es durch die Kirche, »drei hartnäckige Feinde abgemurkst. Sie haben es verdient, deshalb belastet der Mord meine Seele nicht. Er ist bloß Dreck auf meinen Schuhen. Vorgestern habe ich den

Großgrundbesitzer Abdulhadi erledigt, weil er mich beschimpfte, nachdem er die Schutzgebühren bezahlt hatte. Das belastet meine Seele auch nicht und ist höchstens Schmutz auf meinen Schuhen.« An die zehn Raubüberfälle und fünfzehn Morde zählte der Räuber auf, die alle weniger seine Seele als seine Schuhe verunreinigten, dann begann er plötzlich herumzustottern. Der Pfarrer und wir mit ihm dachten, jetzt kommt sie, die Sünde aller Sünden.

»Was war noch, mein Sohn?« ermunterte ihn der Pfarrer mit hörbar trockener Kehle.

»Ja, ich weiß nicht, wie ich es sagen soll. Ich schäme mich, ich bin ein sündiger Mensch, aber vielleicht könntet Ihr in Eurer Güte für mich beten.«

»Was hast du denn getan, mein Sohn?« fragte der Pfarrer nun laut und aufgeregt. In der Kirche spitzten sogar die Läuse der Leute die Ohren.

»Ich habe, Gott soll mir verzeihen, am letzten Freitag Fleisch gegessen. Vierzig Jahre lang habe ich den Tag, an dem unser Herr Jesus gequält wurde, geheiligt und nie Fleisch gegessen, und jetzt dieses Versagen, diese unverzeihliche Sünde«, jammerte der Räuber mit weinerlicher Stimme.

Es entstand eine kurze atemlose Pause, dann rief der Pfarrer:»Verfluchter Hund! Diese Sünde nehme ich auf meine Schuhe!«

Die Leute lachten, und der Räuber verließ erleichtert und unter Tränen der Rührung die Kirche.

Der Räuber starb nicht im Kugelhagel seiner Feinde. Er entkam und lebte lange. Ich traf ihn in den fünfziger Jahren in Beirut wieder. Er handelte erfolgreich mit Kräutern und Gewürzen und war bereits über achtzig, doch der Donner wohnte immer noch in seinem Kehlkopf.

Ich aber fand an jenem Sonntag solch einen Gefallen an dem Pfarrer, daß ich ihn fragte, ob er einen Helfer bräuchte. Er hatte aber schon drei und konnte keinem von ihnen den Lohn zahlen, denn er hungerte selbst und mußte sich sein Essen erbetteln. Ich wollte jedoch so schnell wie möglich zu meiner Fee. Der Teufel soll mich holen, dachte ich an jenem Sonntag auf dem Weg von der Kirche zurück zu meinem Peiniger, wenn ich bei meinem frommen, geizigen Herrn nicht bald für einundzwanzig Tage satt werde.

Am folgenden Tag ging ich zu einem Gauner und verschaffte mir einen Schlüssel, der zum Weinkeller paßte. Ich stieg hinunter, als der Herr nicht zu Hause war. Tausende von Weinflaschen lagerten in den Regalen. Ich konnte aber keine einzige Flasche nehmen, ohne daß er es bemerkte. Er verkaufte viel, weil sein Wein beliebt war, führte aber genauestens Buch. Deshalb holte ich einen großen Krug und schüttete zwei Liter Weißwein hinein. Danach füllte ich die Flaschen mit Wasser wieder auf, verschloß sie sorgfältig, verwischte den Abdruck meiner Finger und kehrte mit meiner Beute zu dem Gauner zurück. Der kostete den edlen Tropfen, gab mir aber nur zwei Piaster dafür. »Offener Wein läßt sich schwer verkaufen. Wenn du ihn in der Flasche bringst, bekommst du das Dreifache«, versprach er mir. Doch das Risiko wollte ich nicht eingehen, da waren mir die zwei Piaster lieber. Ich kaufte für den ersten einen Fleischspieß, für den anderen bekam ich drei herrliche Brote. Ich genoß den Spieß und ein ganzes Brot, die beiden anderen Brote versteckte ich unter meiner Matratze und schlief zum erstenmal seit Jahren gesättigt ein. Am nächsten Tag schlich ich immer wieder zu meiner Kammer und nagte am Brot, wenn ich auch nur den geringsten Hunger verspürte. Am dritten Tag leerte ich wieder zwei Flaschen und eilte zu dem Gauner, als der Herr gerade sein Mittagsgebet verrichtete. Für das Geld bekam ich diesmal einen Fleischspieß, zwei Eier, eine Tomate und ein Brot. Eine köstliche Mahlzeit! Ich warf den Spatzen und Tauben ein gutes Stück meines Brotes zu. Sie sollten bei Gott da oben ein gutes Wort für mich einlegen, damit mir das Glück auch in den nächsten Tagen treu bliebe. Als ich zu Hause ankam, jammerte der Geizhals über die vielen Mäuse, die zum erstenmal seit vierzig Jahren bei ihm aufgetaucht seien.

»Vielleicht verschwenden wir zu sehr beim Essen, wenn so viele Krümel übrigbleiben. Ab heute müssen wir auch den kleinsten Krumen auflesen. Die Mäuse sind unersättlich«, jammerte er. Ich konnte mir nur mit Mühe das Lachen verkneifen. Jeden zweiten Tag leerte ich nun zwei Weinflaschen und wurde auf diese Weise sechzehn Tage lang satt, doch am siebzehnten kam der Ortsvorsteher und machte alles zunichte. Ahnungslos lag ich in meiner Kammer und träumte von Malula, als ich plötzlich großes Geschrei hörte. Ich dachte, der Geizkragen sei verunglückt, sprang auf, rannte aus der Tür und geradewegs in die Arme des Ungeheuers. Er packte mich am Hals.

»Was hast du mit dem Wein gemacht?« brüllte er und zerrte mich ins Zimmer, wo der Regierungsvertreter vor mehreren angebrochenen Flaschen saß.

»Mit welchem Wein?« fragte ich angstschlotternd. Sein Griff war wie eine eiserne Klammer. Der Gast lachte. »Du hast das Wunder Christi auf den Kopf gestellt und Wein in Wasser verwandelt. So arm kann doch kein Winzer sein, daß er seine Flaschen nur noch mit Wasser füllt.«

Was für ein Pech hatte ich damals! Von den über tausend Flaschen mußte der Geizhals ausgerechnet die erwischen, die ich geleert hatte.

»Ich weiß von nichts!« schrie ich, doch er schlug mit einer Flasche auf mich ein und verletzte mich im Gesicht. Siehst du diese tiefe Narbe über meinem rechten Auge? Die habe ich als Andenken an jenen Tag zurückbehalten. Er sperrte mich in einen dunklen Keller und bewirtete dann

seinen Gast. Als dieser zufrieden und betrunken das Haus
verlassen hatte, entdeckte der Geizhals meinen Vorrat unter der Matratze.

Sieben Tage lang hielt er mich gefangen und gab mir
in dieser Zeit nur Wasser. Am achten Tag schleifte
er mich zur Tür hinaus und ließ mich auf der
Straße liegen. Ich flehte die Passanten um
Hilfe an, bis ein Kutscher Mitleid
hatte und mich mit
nach Malula
nahm.

Dritte Nacht

Wie Milad unfreiwillig in die russische Revolution verwickelt wurde

Es war Herbst, als ich Malula wiedersah. Bei meiner Ankunft erfuhr ich von einem Nachbarn, daß meine Mutter schon im Sommer gestorben war. Ich ging zum Friedhof, doch es gelang mir nicht, ihr Grab unter den vielen ärmlichen Gräbern zu finden. Noch kein Vierteljahr war vergangen, und die Spuren meiner geliebten Mutter waren bereits verwischt. Ich irrte tagelang verzweifelt auf dem Friedhof umher und weinte.

Ein Schäfer benachrichtigte meine Tante Faride. Er erzählte ihr, ich sei verrückt geworden und tanze auf den Gräbern. Es stimmt wohl, daß ich tanzte, aber nicht im Wahn, sondern um die Taubheit aus meinen Gliedern zu vertreiben. Der Schmerz um meine Mutter brachte mich fast um, also tanzte ich und weinte, lachte und schrie, bis meine Glieder wieder Erde, Wärme und Kälte fühlten. Da wußte ich, daß ich den Tod besiegt hatte.

Ich hatte keine Ahnung, daß Tante Faride schon vor einem halben Jahr als Witwe ins Dorf zurückgekehrt war. Sie hatte ja mit ihrem Mann, einem Unteroffizier der Gendarmerie, weit im Norden bei Aleppo gelebt. Nachdem sie mit dem Schäfer gesprochen hatte, eilte sie auf den Friedhof, um mich zu sich zu holen. Sie war froh, als sie mich fand, denn sie hatte mich auch für tot gehalten. Die Tante war arm, aber sie lebte nicht im Elend. Von der kleinen Rente, die sie als Witwe eines Unteroffiziers erhielt, konnte sie sich ernähren.

Kaum waren wir bei ihr zu Hause, begann sie von meiner Mutter zu erzählen. »Meine Schwester«, fing sie an, »ist an Kopfverletzungen gestorben, die ihr dies Scheusal von einem Ehemann zugefügt hat. Alle Nachbarn wußten, daß sie nicht von der Leiter gefallen war, wie er behauptete. Er hat sie mit einem Stock geschlagen und mehrmals am Kopf getroffen. In der Nacht vor ihrem Tod schrie sie wie eine Wahnsinnige und flehte die Nachbarn um Hilfe an, doch keiner stand ihr bei. Das tut mir besonders weh, weil ich weit weg in Aleppo lebte und meiner Schwester nicht helfen konnte. Als sie tot war, wurde eilig ein Sarg zusammengenagelt, der Pfarrer gab seinen Segen, und der Mörder lief hinter dem Leichnam seines Opfers her und nahm das geheuchelte Beileid der Gemeinde entgegen. Mir hat man erst eine Woche nach der Beerdigung eine Nachricht zukommen lassen. Ein Hohn!

Die Nachbarn schonten den Mörder, weil sie Angst vor ihm hatten. Sie gaffen, wenn die Scham den Blick abwendet, und stellen sich blind, wenn sie sehen sollen, schnattern, wenn Schweigen weise wäre, und verstummen, wenn die Wahrheit nur ein einziges Wort bräuchte. Sie belauschen, was sie nichts angeht, und sind taub, wenn jemand um Hilfe ruft. Ich hasse sie alle«, erzählte die Tante und fing an zu weinen.

In jener Stunde beschloß ich, den Mann zu töten.

»Denkst du, Gott verschont die Mörder?« fragte die Tante nach einer Weile. Ich antwortete nicht. »Nein«, fuhr sie fort, »die Strafe kam schneller als erwartet.«

»Wie bitte?« fragte ich erstaunt.

»Eine Woche nach dem Tod deiner Mutter begann der Teufel den Mann zu reiten. Man kann es nur so nennen. Er machte es sich zur Gewohnheit, kurz vor Sonnenuntergang vor seiner Tür zu sitzen und Passanten zu sich einzuladen. ›Ich bin ein einsamer Witwer‹, begann er immer, ›gib mir die Ehre und sei mein Gast auf ein Gläschen Wein.‹ Frauen gingen ihm aus dem Weg, und es waren nicht unbedingt die Ehrenhaftesten unter den Männern, die seine Einladungen annahmen. Zuerst wurden sie großzügig bewirtet, doch während sie sich über die Pistazien und den Wein freuten, schloß der Verbrecher die Tür ab. War er dann betrunken, begann er seinen Gast zu belästigen.

Im Dorf erzählten die Leute furchtbare Sachen über seine Neigung zu Tieren und Männern, aber ihre Wörter will ich nicht in den Mund nehmen. Jedenfalls waren auch die hartgesottensten Burschen entsetzt, und nur die wenigsten gingen freiwillig auf seine Annäherungsversuche ein. Die meisten versuchten zu fliehen, mußten aber entsetzt feststellen, daß die Tür verriegelt war. Da schlug ihr feiner Gastgeber so lange mit seinem Stock auf sie ein, bis sie ihren Widerstand aufgaben und er sich an ihnen vergehen konnte. Bald fiel keiner im Dorf mehr auf seine Einladung herein, und die Leute machten einen großen Bogen um sein Haus. Doch eines Abends, etwa zwei Monate nach dem Tod meiner Schwester, schickte ihm der Todesengel einen letzten Gast. Ein Fremder, es soll ein schöner Jüngling gewesen sein, fragte den vor seiner Haustür Sitzenden, ob er einen Platz wisse, wo er die Nacht verbringen könne. Das Scheusal strahlte über das ganze Gesicht und lud den Fremden zu sich ein. Auch ihn bewirtete er mit Pistazien und Wein, auch ihn versuchte er erst zu verführen und dann durch Schläge zu zwingen. Doch diesmal hatte er sich verrechnet, denn der Jüngling hatte stolzes Blut, keinen Urin in den

Adern. Er sprang ihn an und schnitt ihm die Kehle durch. Am nächsten Morgen fanden ihn die Nachbarn tot in einer Blutlache liegen. Aber nicht nur sein Hals hatte das Messer zu spüren bekommen. Sein Ding ... wie soll ich es sagen?«

Die Tante hatte mir in weniger als fünf Minuten von zwei Morden und verschiedenen Gewalttaten erzählt. Doch um mir zu sagen, daß der Jüngling dem Verbrecher das Glied abgeschnitten und es ihm dann in den Mund gesteckt hatte, brauchte sie über eine Stunde. Gott segne den Fremden, wo immer er sei, und öffne ihm alle Türen als Dank für das unwürdige Ende, das er dem Mörder meiner Mutter bereitet hat.

Kurz darauf kam der Bruder des Toten aus Damaskus, verkaufte das Haus und die Ländereien und wanderte mit dem Geld nach Amerika aus.

Ich konnte nicht lange bei Tante Faride bleiben, denn obwohl sie großzügig war und mir reichlich zu essen gab, fühlte ich bei jedem Bissen eine Demütigung. »Schmeckt es dir, mein armer Milad? So etwas hast du bestimmt noch nie gegessen. Nimm noch mehr! Was knabberst du so vorsichtig, als wärst du eine Maus? Greif ordentlich zu. Ich habe reichlich und gebe es gern. Sei Gott dankbar, daß du eine solche Tante hast.« Die zwei Tage, die ich bei ihr blieb, waren schwerer auszuhalten als die Arbeit auf dem Feld bei dem Geizhals. Es gibt eine Großzügigkeit, die dich erschlägt. Sie hinterläßt keine Narben im Gesicht, aber sie verletzt dich im Herzen. Ich stahl ihr drei Brote und ein Glas Oliven und machte mich auf zur Höhle. Dort blieb ich zwei Nächte, und wieder erschien mir die Fee.

»Im Bauch des Felsens bist du geborgen, und er bewahrt den Schatz für dich auf, bis du den Hunger einundzwanzig Tage hintereinander besiegt hast«, sprach sie. Diesmal trug sie ein goldenes Kleid, so golden wie die reifen Weizenähren in Malula.

Als ich aufwachte, dachte ich lange nach. Kein Fischer wird sein Glück im weiten Meer finden, wenn sein Boot am Ufer vertäut ist. Mein Tau war die Sehnsucht nach meiner Mutter gewesen, deshalb hatte ich es nicht gewagt, mich weiter von Malula zu entfernen. Der Tod hat mir jedoch meine Mutter nähergebracht. Sie war nicht mehr an Malula gebunden und wanderte jetzt als Erinnerung mit mir, wohin ich auch ging. So brach ich nach Damaskus auf. Der Erste Weltkrieg dauerte bereits sein viertes und letztes Jahr. Ich durfte mich nicht erwischen lassen, denn alle jungen Männer mußten in den Krieg. Auf den Straßen zur Hauptstadt errichtete die Armee Kontrollstellen. Ich gelangte mit Hilfe von Schmugglern in die Stadt und suchte nach Arbeit, fand aber kaum etwas, und wenn, dann nur für ein paar Tage; danach mußte ich mich von neuem verstecken.

Ich vergaß keinen Augenblick den Schatz, den die Fee mir versprochen hatte, war aber in dieser Zeit mehr damit beschäftigt, meinen Kopf aus den Schlingen der Suchtrupps zu ziehen. Mehr als zehnmal haben sie mich gefaßt, und genausooft bin ich ihnen wieder entkommen. Einmal wurde ich auf der Flucht angeschossen. Hier, siehst du die Narbe auf meiner Brust? Die stammt aus jener Nacht. Ich blutete stark. Mit letzter Kraft zog ich mich in den dunklen Eingang eines vornehmen Hauses im nördlichen Teil von Damaskus zurück. Ein Mann kam heraus und schrie mich an, was ich dort mache, ob ich etwa seine Frau und seine Tochter begaffen wolle. Das waren die letzten Worte, die ich hörte, bevor ich in Ohnmacht fiel. Als ich wieder zu mir kam, sah ich ein wunderschönes Gesicht über mir und dachte im ersten Augenblick, ich wäre gestorben und schon im Himmel. Die Frau fragte mich, wer mich so zugerichtet habe.

»Wer wird einen Gauner schon verletzt haben? Ein anderer Halunke«, brüllte ihr Mann aus dem Innenhof. Kurz darauf trat er auf mich zu.

»Woher kommst du? Wie heißt du, Junge? Und was hast du verbrochen?« Ich stellte mich stumm, doch der Mann war mißtrauisch und warf mich nach zwei Tagen hinaus.

Das letzte Kriegsjahr raubte Damaskus alle Kraft, brachte Hunger und Tod für zahllose Familien. Viele Söhne kehrten nie wieder heim. Damaskus, das Schönheitsmal Arabiens, war nur noch eine kranke und müde Stadt. Ich haßte ihren Anblick, hungerte mit ihr und blieb eine Zeitlang ihr Gefangener, und die Verfluchte machte mich nicht einmal zwei Tage satt. Als der Krieg zu Ende war, wollte ich den ungastlichen Ort verlassen und mein Glück in Beirut versuchen. Die Stadt liegt, wie du weißt, am Mittelmeer, das damals voller Fischer, Schmuggler, Abenteurer und tödlicher Gefahren war. Man sagte, wer aufs Meer hinausgeht, ist verloren, und wer zurückkehrt, ist wie neugeboren. Ich wollte hinaus, ich wollte sterben oder noch einmal neu geboren werden.

Doch es kam anders.

Ich brach mit Sarkis, einem anderen Malulianer, auf nach Beirut. Er wollte nach Brasilien weiterreisen, wo bereits sein Bruder lebte. Kurz vor Staura machten wir Rast, und ich fing nach kurzer Hetzjagd ein Kaninchen. Wir freuten uns über die Beute, machten Feuer und fingen an, das kleine Tier zu rösten. Dabei unterhielten wir uns laut auf aramäisch, ohne zu ahnen, daß mißtrauische Augen uns aus dem Dickicht beobachteten. Noch bevor wir das zarte Fleisch vom Feuer nehmen konnten, überfielen uns vier Männer. Sie hielten uns arme Teufel für wichtige Spione. Sie selbst gehörten einer dieser großen Banden an, von denen ich dir schon erzählt habe. Sie nannten sich Befreiungsarmee und hatten den gesamten Weg zwischen Damaskus und Beirut unter ihre Kontrolle gebracht. Ihr Anführer war ein kleiner Mann mit feurigen Augen, aus denen der Wahn sprühte. Überall sah er Spione und Meuchelmörder. Wenn er sprach, war er bereits nach drei Sätzen heiser vor Aufregung, doch seine Männer liebten ihn, weil er sich auch in Todesgefahr nicht versteckte, sondern immer dem Kampf stellte. Und er teilte die Beute seiner Überfälle gerecht.

Zu diesem Mann wurden wir nun geschleppt, und bald droschen seine Folterknechte auf uns ein, aber wir konnten ihnen nur immer wieder sagen, daß wir keine Spione waren, sondern arme Leute aus Malula.

»Und wo liegt dies Malula?« fragte der Hauptmann am vierten Tag. Wir dachten, nun würde er uns glauben. »In der Nähe von Damaskus. Zu Fuß braucht man nur einen Tag«, erwiderte ich. Leider überzeugte die Antwort den Anführer endgültig davon, daß wir logen. »Wenn ihr wirklich aus der Nähe von Damaskus stammen würdet, müßtet ihr arabisch reden. Jetzt tut ihr das zwar, aber untereinander habt ihr eine ausländische Sprache gesprochen.« Er ließ uns in Ketten legen, wahrscheinlich hoffte er auf eine große Menge Lösegeld von der vermeintlichen ausländischen Macht, die er hinter uns wähnte, denn im allgemeinen war er ein kaltblütiger Mörder, der seine Widersacher erschießen ließ, während er ruhig sein Mittagessen genoß. Er erwartete täglich eine Delegation, die über uns verhandeln sollte. Wir hausten in einer feuchten Erdhöhle, und die Männer verhöhnten uns. Mein Weggefährte Sarkis nutzte, nach einem halben Jahr Gefangenschaft, eine Unaufmerksamkeit der Wächter und versuchte zu fliehen, doch weit kam er auf seinen schwachen Beinen nicht. Sie haben ihn erschossen.

Wie lange ich ein Gefangener der Banditen blieb, weiß ich heute nicht mehr. Jeder Tag kam mir wie eine Ewigkeit vor. Ich dämmerte vor mich hin, bis ein Journalist aus einer reichen Damaszener Familie zu der Bande stieß. Dieser Mann rettete mir das Leben. Oder war es die heilige Takla? Oder meine Fee? Ich weiß es nicht. Der Journalist hatte jedenfalls eine große Menge Gold bei sich und gewann sofort das Vertrauen des Hauptmanns, zumal dieser mit Hilfe des wortgewandten jungen Mannes die Zahl seiner Anhänger in der Bevölkerung erheblich zu mehren hoffte. Eines Abends stellte sich heraus, daß der Journalist einmal in Malula gewesen war, um sich im Kloster der heiligen Takla von seinem Augenleiden heilen zu lassen. Wie du weißt, ist das Kloster durch Glauben und Aberglauben derer, die von Krankheit geplagt wurden, mächtig geworden. Tausende von Menschen suchten im Kloster Heilung von den Leiden, die Ärzte und Scharlatane nicht lindern konnten. Und wenn nur einer von tausend geheilt wurde, überzeugte diese Nachricht weitere tausend, ob Juden, Christen oder Muslime. So auch den Journalisten, der unserer heiligen Takla ungeheuer dankbar war, weil er, wie er sagte, ohne ihre Hilfe erblindet wäre. Ich war überglücklich, daß er Malula kannte, und bekräftigte seine Geschichte mit einem saftigen Wundermärchen, in dem die heilige Takla beim Untergang der Titanic eine ganze Familie aus Malula rettete, weil die kleine Tochter Takla hieß und in der Stunde der Not »O heilige Takla, rette uns!« ausrief.

Dem Journalisten gelang es, den Räuberhauptmann zu überzeugen, daß man in Malula Aramäisch und nicht Arabisch sprach, und ich wurde begnadigt. Allerdings ließ man mich nicht nach Beirut weiterziehen, sondern schickte mich nach Damaskus zurück. Warum? Das blieb das Geheimnis des Bandenführers.

Wie ich später erfuhr, brachte mein Retter dem Anführer der Bande den Tod. Er war ein gut getarnter Spitzel der ärgsten Feinde dieses Banditen. So mörderisch war die Zeit.

Es war Winter, als ich wieder in Damaskus ankam, deshalb suchte ich einen Malulianer namens Ibrahim Mloha auf, der in der Nähe des Thomastores seine Bäckerei hatte.

Damals arbeiteten viele Malulianer als Bäcker im christlichen Viertel von Damaskus. Ich schlief in der Bäckerei und schuftete von morgens bis abends für ein Stück Brot und einen Schlafplatz über den Mehlsäcken. Mehrere Monate vergingen, ohne daß ich drei Tage hintereinander satt werden konnte.

Zu Ibrahims Kunden gehörte auch ein gutangezogener Herr, der jeden Tag bei ihm sein Brot kaufte. Er fand aus irgendeinem Grund Gefallen an mir und gab mir jedesmal eine feine ausländische Zigarette. Eines Tages fragte er mich, ob ich nichts Besseres wüßte, als in der Bäckerei vor die Hunde zu gehen. Ich erzählte ihm, daß ich nur einundzwanzig Tage lang satt werden wollte. »Bei mir kannst du den Hunger für immer vergessen, wenn du tüchtig bist«, lockte er, und ich folgte ihm.

Er lud mich in ein Restaurant ein, wo ich soviel bestellen durfte, wie ich wollte. Ich aß wie ein hungriger Wolf. Meinen Gastgeber belustigte der Anblick. Er lachte. Nach dem Essen gingen wir in einen Park am Fluß, wo er mir erklärte, was ich zu tun hatte. Niemand dürfe wissen, daß ich für ihn arbeite, sagte er. Ich sollte für ihn auf Kundenfang gehen, die Leute bis zur Tür seines Ladens bringen und dann verschwinden. Meinen Lohn würde ich Tag für Tag im Park bekommen. Ich sollte um achtzehn Uhr an der alten Eiche warten. Er würde dann kommen und mir für jeden Kunden zehn Piaster geben. Ein Vermögen für mich! Als Vorauszahlung händigte er mir zwanzig Piaster aus und befahl mir, zum Friseur und ins Bad zu gehen und mir eine gute Herberge zu suchen. »Kein Esel wird Vertrauen zu dir haben, wenn du in diesen Lumpen herumläufst und dreckiger bist als ein räudiger Hund«, spottete er und schob mich in das nächste Geschäft. Dort ließ er mir ein Hemd, eine Hose, neue Wäsche und Schuhe einpacken, zahlte und verschwand.

Am nächsten Morgen begann ich, bei der Goldschmiedegasse reichen Bauern aufzulauern. Den ersten fing ich gegen Mittag ab. Er wollte wegen der unruhigen Zeiten für sein Geld Gold kaufen. Wie mein Herr mir befohlen hatte, fragte ich den Bauern, ob er sein Geld verdoppeln wolle, und der Einfältige biß an. »Ja sicher«, antwortete er. Ich zeigte ihm das Geschäft meines Brötchengebers, das am Ende der Goldschmiedegasse, links vom Eingang der Moschee, lag. »Dort kannst du reich werden«, flüsterte ich geheimnisvoll, und der gierige Dummkopf eilte mir voraus.

Vor dem Geschäft angekommen, nahm ihn mein Herr in Empfang. Ich hatte eigentlich nichts weiter zu tun, doch ich wollte sehen, was geschah, und blieb in der Nähe der Tür. Wie ein erfahrener Geldwechsler zog mein Gönner, dieser elegante Teufelskerl, ein Bündel wunderschöner Geldscheine hervor und zeigte es dem Bauern. »Das ist echtes russisches Geld, von seiner Hoheit, dem Zaren Nikolaus Alexandrowitsch, persönlich herausgegeben.«

»Ja, aber dort soll eine Revolution im Gange sein und Chaos herrschen«, unterbrach ihn der Bauer.

»Sicher, mein Freund, sicher. Aber das sind nur zwei Banditen namens Lenin und Trotzki. Mickrig klein ist der eine und fast blind der andere«, sprach er verächtlich und legte ein Bild auf den Tisch, das Trotzki mit Brille zeigte. »Und diese beiden wollen mit ein paar Halunken den Zaren stürzen«, fuhr der Gauner fort. »Sie wollen einen Bauern zum Präsidenten und einen Straßenkehrer zum Gesundheitsminister machen. Ich frage dich, kann das gutgehen?«

Der Bauer schüttelte den Kopf. »Der Teufel muß sie geritten haben. Bauern können melken und säen, aber doch nicht regieren«, bestätigte er.

»Meine Rede, und deshalb steht die ganze zivilisierte Welt auf der Seite des starken Zaren«, sprach mein Herr leise und zog ein Bild von Nikolaus mit vielen Orden auf der Brust hervor. »England, Frankreich, Japan, Finnland,

Polen und die Deutschen sind gegen diese Kikeriki-Bolschewiki. Schau dir nur das neue kommunistische Geld an. Nicht einmal gutes Papier haben sie.« Er beugte sich zu dem Bauern vor und sprach nun vertraulich leise, so daß ich ihn nur noch mit Mühe verstehen konnte. »Es ist höchstens eine Frage von Monaten, dann wird der russische Rubel die Wolken kratzen. Heute ist er noch billig, aber bald ist jeder dieser Scheine das Zehnfache wert. Wenn sich die Engländer irgendwo einmischen, verlieren selbst die Schlangen ihre Zähne. Das werden die Banditen Trotzki und Lenin noch spüren.«

»Ja, die Engländer sind hinterhältig. Gott bewahre uns vor ihnen«, antwortete der Bauer, hielt eine Weile inne und starrte die Geldscheine an. »Und warum willst du mir die Rubel verkaufen und behältst sie nicht selber?« fragte der arme Tropf immer noch etwas mißtrauisch.

»Ich habe eine Menge davon geerbt. Meine Tante Katharina gehört dem russischen Adel an. Doch jetzt brauche ich Bargeld für meinen Export und Import. Ich wickle gerade ein großes Geschäft in Frankreich ab«, fabulierte der Gauner seelenruhig weiter. Genau in diesem Moment kam ein gutgekleideter Mann zur Tür herein – anscheinend wie ich ein Komplize – und legte zwei Perlenketten auf den Tisch.

»Tante Katharina läßt grüßen und ausrichten, wenn das für das Geschäft in Frankreich nicht ausreicht, sollst du heute abend bei ihr vorbeischauen und ihre Juwelen mitnehmen. Das russische Geld sollst du auf keinen Fall verkaufen. Sie hat gerade in den Nachrichten gehört, daß die englischen Truppen Moskau eingekesselt haben. Trotzki ist verschwunden, und Lenin ist verletzt«, berichtete der gutangezogene Kerl und verschwand wieder.

Der Gauner nahm die Ketten, sammelte die Geldscheine ein und öffnete einen eisernen Schrank hinter sich, in dem Juwelen und Schmuck neben meterhohen Geldstapeln lagen. Die Augen des Bauern weiteten sich. »Wieviel kostet so ein ... ich meine, ein Rubel?« fragte er mit trockener Kehle. »Ich kann leider nicht mehr verkaufen. Du hast ja gehört, was meine Tante gesagt hat. Die Engländer ...«

»Ein paar kannst du einem armen Bauern doch verkaufen. Du hast so viele«, flehte der Armselige. Und kurz darauf hatte ihn der Gauner um sein ganzes Geld erleichtert. Der Geprellte erhielt dafür ein großes Bündel wunderschöner wertloser Scheine.

»Gott soll dem großen Herrscher Nikolaus zu seinem Recht verhelfen. Gott strafe die Balschawik«, rief er beim Hinausgehen. Daß der Zar zu jener Stunde längst unter der Erde war, wußten nur die wenigsten.

Tag für Tag brachte ich meinem Herrn neue Kunden. Er verkaufte das bunte Papier für gutes Geld und hatte dabei nichts zu befürchten, denn jeder Geldwechsler bestätigte den Bauern, daß das Geld echt war. Damals konnten nur wenige Menschen lesen, und im ganzen Viertel gab es vielleicht ein einziges Radio bei der reichsten Familie. Und was erzählten diese verdammten Kästen? Sie plärrten den ganzen Tag vom bevorstehenden Sieg der Verbündeten gegen Trotzki. Als hätte mein Brötchengeber alle Sprecher bestochen, wiederholten sie seine Worte rund um die Uhr. Die Bolschewiki seien eine Horde gottloser Mörder, die mit ihren eigenen Schwestern schliefen. Tag für Tag überrannte General Soundso die Stadt Wasweißich und rieb alle Bolschewiki auf. Der Gauner schnitt die Bilder der dickbäuchigen Offiziere aus der Zeitung aus und hielt sie seinen Opfern vor die Augen. »Im Ernst«, säuselte er wie eine Schlange, »glaubst du wirklich, daß dieser General von einem ausgemergelten, halbblinden Typen wie diesem Trotzki besiegt werden kann? Schau dieses Gesicht, diesen Schnurrbart und diese Adleraugen an − die bringen schon mit einem Blick hundert Soldaten um.« Und seine Zuhörer zollten den Bildern der starken Männer Respekt, ließen ihr Geld da und eilten mit den bunten Zarenscheinen davon.

Tag für Tag kam er in den Park, gab mir meinen Lohn und mahnte mich, ich solle mich ordentlich kämmen und pflegen. Wo der zweite Komplize sein Geld erhielt, verriet er mir nicht.

Eines Tages folgte ich ihm deshalb aus Neugier. Ich wollte unbedingt wissen, wo er den andern Gehilfen traf. Plötzlich verschwand der Gauner im Eingang eines Hauses, das nach ihm noch andere Männer betraten. Zuerst hielt ich es für ein Bordell, doch vom Besitzer der kleinen Kneipe schräg gegenüber erfuhr ich, daß es in dem Haus eine Spielhölle gab. Sie gehörte einem Franzosen, der schon seit einer Ewigkeit in Damaskus lebte, und alles, was in der Stadt Rang und Namen hatte, spielte bei ihm, sogar der Polizeipräsident. Jeden Tag ging mein Brotgeber hin. Er war der Spielsucht erlegen. Spielern wird bei der Geburt das Glück entzogen, deshalb werden sie irr auf der Suche nach ihm. Als ich von seiner Spielsucht erfuhr und vom Kneipenbesitzer noch einige Geschichten über das traurige Schicksal von Spielern hörte, bekam ich Mitleid mit dem Gauner, der anscheinend Nacht für Nacht verlor. Oft war er am nächsten Morgen wie ausgebrannt, und erst wenn der nächste Kunde seinen Laden verließ, hatte er genug Geld, um sich aus dem nahen Café ein Frühstück bringen zu lassen.

Tag für Tag kamen die Kunden und flehten anschließend Gott an, dem Zaren Nikolaus mit Engeln und Engländern zu Hilfe zu kommen. Und sie schickten ihre nächsten Verwandten zu meinem Herrn, weil dieser Halunke sie um Geheimhaltung bat. In Damaskus kannst du keine Nachricht schneller verbreiten, als wenn du deinem Zuhörer sagst, sie sei geheim. Die Worte »unter uns gesagt« versteht jeder als Aufforderung, das Gesagte so schnell wie möglich weiterzugeben. So lief eigentlich alles hervorragend, und manchmal mußte ich sogar einen Kunden auf später vertrösten, weil der Laden schon voll war.

Meine Arbeit wurde bald zur einfachen Routine, nicht jedoch die des anderen Gehilfen. Seine Auftritte im Laden hatten tausend Gesichter. Mal war er ein Kurier, mal als Polizist verkleidet, der dem Ladenbesitzer zustimmte und so Vertrauen erweckte. Am schlimmsten für die armen Tölpel war es, wenn er als reicher Händler auftrat und alle Rubel kaufen wollte. Dann überließen sie dem Gauner alles, was sie hatten. War das Geld zu Ende, tauschten sie Goldringe, Uhren, Schmuck und Pistolen gegen das bunte Papier. Wenn der Zar von Rußland gewußt hätte, wie seine Rubel in Arabien begehrt waren, wäre er vielleicht noch mal auferstanden.

Der Halunke hörte Tag und Nacht die Nachrichten, als wären sie das Wort des Herrn. Sobald die Kunden verschwanden, lief er zum Rundfunkgerät, das er in einem Schrank neben dem Tresor versteckte. Er lauschte den neuesten Berichten von der Front. Das konnte ich von meinem Posten gegenüber dem Laden beobachten.

Eines Abends, als er mir wie immer mein Geld brachte, forderte er mich auf, nach Einbruch der Dunkelheit zu seinem Laden zu kommen und mich durch die Hintertür ins Haus zu schleichen. Ich tat wie befohlen, und er fragte mich, ob ich eine Woche später mit ihm nach Aleppo fahren würde, um eine große Ladung russisches Geld abzuholen, die gerade von Rußland über die Türkei nach Syrien gebracht würde. Die Sache sei gefährlich, deshalb würde er mir zwei Goldlira zahlen, eine im voraus und eine danach. Ich stimmte sofort zu, was ihn erleichterte, weil der andere Mitarbeiter ihn offenbar nicht begleiten wollte.

»Er ist als Schauspieler hochbegabt, aber wenn es darauf ankommt, ist er ein Angsthase. Wer weiß, vielleicht ist er auch bloß ein Hase, der gut den Menschen spielen kann«, sagte er bitter. Und dann kamen die Nachrichten. Als er hörte, daß die Angreifer schon vor Petrograd standen, erbleichte er. Er sprach eine Weile kein Wort mehr, sondern suchte immer neue Sender. Alle bestätigten seine Befürchtung.»Das gibt es doch nicht. Sie schaffen es doch noch, und ich habe Millionen an lausige Bauern verscherbelt«, stöhnte er, dann lauschte er wieder anderen Nachrichten in fremden Sprachen, die ich nicht verstand. Schließlich sackte er verstört auf seinem Stuhl zusammen.»Die Hurensöhne werden die Bolschewiki noch stürzen. Ich bin wirklich ein Esel, daß ich kistenweise echte Rubel verschenkt habe«, klagte er.

»Gott schütze die Bolschewiki«, betete ich daraufhin laut und hob meine Arme zum Himmel,»damit es meinem Herrn besser geht und ich bald nach Malula zurückkehren kann.« Der Gauner lächelte verbittert. Kurz vor Mitternacht verließ ich das Haus und lief durch die dunklen Gassen in das kleine Gasthaus, wo ich seit einiger Zeit wohnte. In jener Nacht habe ich die heilige Maria angefleht, sie solle Trotzki beistehen, damit er seine Feinde besser sehen könne. Einen Hammel wollte ich den Armen spenden, wenn die Bolschewiki siegten.

Am nächsten Tag standen die Leute Schlange vor dem Geschäft des Gauners. Jeder tat so, als ob er zufällig vorbeigekommen wäre, doch er verkaufte keinen einzigen Rubel mehr. Ich stand auf der anderen Straßenseite und beobachtete ihn, wie er verzweifelt die gierigen Kunden zurückdrängte. Und dann kam er um Punkt achtzehn Uhr in den Park und händigte mir meinen unverdienten Lohn aus. »Ich habe dir aber keinen einzigen Kunden gebracht«, widersprach ich.

»Doch, doch«, strahlte er,»du hast mehr als das gemacht. Du hast doch gestern nacht gerufen: ›Gott schütze die Bolschewiki‹. Dein Gebet wurde erhört. Sie haben heute mittag den Sieg errungen. Die Franzosen, Japaner, Deutschen und vor allem die Engländer wissen nicht einmal mehr, wie sie sich zurückziehen sollen. Morgen mußt du noch tüchtiger sein. Wir haben nicht mehr viel Zeit«, sagte er.

»Und die Kiste mit den Rubeln aus Aleppo?« fragte ich.

»Dafür ist es jetzt leider zu spät.« Er zuckte mit den Schultern und verschwand.

Genau neunzehn Tage war ich bei dem Kerl satt geworden, doch am zwanzigsten Tag brach das Unheil herein. Ich kam mit einem Händler aus dem Norden schon kurz nach zehn Uhr morgens an. Der Laden war aber geschlossen. Ich tröstete den Kunden, lud ihn ins Café ein und bestellte für uns beide einen Tee.

Wäre ich als kleinerer Pechvogel auf diese Welt gekommen, hätte ich auf dem Weg nach Malula den Wind gejagt, denn ich hatte noch Geld für mehrere Tage. Doch ich Esel bewirtete den Kunden und kehrte dann mit ihm zum Laden zurück, der immer noch geschlossen war. Manchmal denke ich, mein Vater hat mir viel von seiner Langsamkeit in die Wiege gelegt. Anstatt lautlos zu verschwinden, wartete ich mit dem Mann vor der Tür, und plötzlich bogen zwei Bauern mit einer Schar Polizisten in die Gasse ein. Ich wollte schnell wegrennen, doch sie riefen:»Haltet den Dieb«, und der verfluchte Kunde, der gerade noch auf meine Kosten Tee getrunken hatte, hielt mich fest. Die Bauern schlugen mich fast tot, während die Polizisten ihnen zuschauten. Auf der Polizeiwache traf ich den anderen Gehilfen. Er war ebenfalls übel zugerichtet, aber er lachte.»Milad«, sagte er,»mach dir nichts draus. Ich spiele nur die Rolle eines Gauners, der in die Hände der Polizei gefallen ist.« Wo der große Halunke geblieben war, erfuhren wir nicht, aber ich war verwundert, daß sich kein einziger Nachbar erinnern konnte, wie der Mann hieß und wie er aussah.

»Hat dein Partner nicht gesagt, der Zar wird siegen? Hast du uns nicht zu deinem Partner gebracht, der uns das Geld geraubt hat?« beschuldigten sie mich beim Richter. Ich verfluchte laut den Zaren Nikolaus, doch es half nichts. Es meldeten sich immer mehr Zeugen. Die Zeitung veröffentlichte am nächsten Morgen mein Foto und das des anderen Gehilfen, und schon strömten die Tölpel herbei, die durch die eigene Gier um ihre Habe erleichtert worden waren, und weinten bittere Tränen. Sie taten mir leid, und ich weinte mit ihnen.

»Ihr seid Pechvögel«, bedauerte uns der Richter. »Hätten die anständigen Kräfte Rußlands gesiegt, hätten die Leute euch beweihräuchert. Leider haben die gottlosen Bolschewiki gewonnen«, fuhr er lächelnd fort und verurteilte mich wegen Betrugs zu fünf Jahren Gefängnis und den anderen Gehilfen zu zehn Jahren Zwangsarbeit, weil er bereits zum drittenmal wegen Betrügereien verhaftet worden war. Noch im Gerichtssaal beschloß ich, so schnell wie nur möglich aus dem Gefängnis zu fliehen. Lieber wollte ich sterben als fünf Jahre dort schmachten.

Vierte Nacht

Warum Milad seinen guten Ruf in den Wind schlug

Das Gefängnis befand sich in einer alten Burg direkt am Fluß; in den ersten Wochen war es für mich die Hölle auf Erden. Jede Minute darin kam mir wie eine Ewigkeit vor. Man steckte mich in eine winzige, feuchte Zelle, in der bereits neunzehn andere Männer eingepfercht waren. Nur einmal am Tag durften wir für eine Stunde die Sonne sehen, und vier Stunden am Tag mußten wir mit einer winzigen, verrosteten Feile Olivenkerne für Gebetskränze schleifen. Kannst du dir das vorstellen?

Als ich bei den Banditen gefangengehalten wurde, saß ich in einer Erdhöhle fest, aber die Banditen bewohnten auch selber nichts Besseres. Es war dort lebensgefährlich, doch außer für ein paar Augenblicke am Tag, wenn ein paar Banditen mich verhöhnten, war ich unter ihnen anerkannt und man hat meinen Stolz als Mensch nicht verletzt. Ja, ich bekam dieselben Mahlzeiten wie der Anführer. Hier in dieser alten Burg dagegen war ich in einem Stall gelandet, der ursprünglich für die Pferde der Kavallerie wieder instandgesetzt worden war. Dann aber hatten die Veterinäre erklärt, die Feuchtigkeit in der Burg sei für die Pferde schädlich, und so war ein Gefängnis daraus geworden. Bei Menschen hatte man keine entsprechenden Skrupel.

Im Hof wurden wir von den Wärtern geschlagen und gedemütigt, je nach Laune und meist ohne Grund. Und drinnen in der Zelle herrschte ein Mörder aus der Küstenstadt Banjas. Er hieß Abu Schafra, »der mit der Rasierklinge«, weil er alle seine sieben Opfer mit der Rasierklinge getötet hatte. Schon am ersten Tag schlug er mich aus nichtigem Anlaß zusammen. Ich hatte keine Ahnung von dem unsichtbaren Stacheldraht, der das Gebiet dieser winzigen Zelle genau aufteilte. Als ich in die überfüllte Zelle hineingeschoben wurde, stellte ich fest, daß der Verbrecher am Fenster mehr Platz hatte als vier andere Gefangene zusammen. Er thronte auf der einzigen Pritsche wie ein König, während die anderen dicht gedrängt übereinanderhockten. Ahnungslos setzte ich mich zu ihm auf die fast leere Pritsche. Plötzlich herrschte Totenstille. Ich begrüßte alle höflich, hatte aber noch nicht zu Ende gesprochen, da dröhnte bereits mein Ohr, und ich lag auf dem Boden. Ohne ein Wort zu sagen, schlug der Mörder auf mich ein. Die anderen schauten mich mit ängstlichen Augen an und zuckten bei jedem Hieb zusammen. Ich verfluchte ihn, und er schlug immer erbarmungsloser zu. Als er von mir abließ, lag ich mit blutendem Gesicht am Boden, benommen von dem unerwarteten Überfall. Da beugte er sich zu mir herab, grinste mich an und zog ein Rasiermesser aus der Tasche. »Und wenn du den Wärtern ein Wort erzählst, schneide ich dir die Kehle durch. Dann wärst du der achte.«

Er war der absolute Herrscher in der Zelle. Ob du es glaubst oder nicht, er hatte in diesem Loch von nicht mal vier mal vier Metern einen ganzen Staat aufgebaut mit Zollgebühren für jedes Ding, das die anderen bekamen, und einer Bank mit Pfand und Zinsen. In seinem Staat verteilte Abu Schafra Lohn und Strafe, beschäftigte und entließ Spitzel und Schläger. Ja, es gab sogar einen Strichjungen! Er hieß Saba, war dicklich und wirkte harmlos wie ein Klosterschüler, doch in seinem Herzen lebte eine Giftschlange, bei deren Anblick eine Kobra tot umgefallen wäre. Womöglich trug er soviel Haß in sich, weil er, wie ich hörte, als Kind täglich von seinem Stiefvater vergewaltigt worden war. Mit dreizehn ging er auf den Strich, und mit sechzehn wurde er zum jüngsten und brutalsten Zuhälter Arabiens. Er war so schamlos, daß manchmal selbst Abu Schafra sich genierte, auf seine verwegenen Wünsche einzugehen. Doch das war nur lästig. Gefährlich aber war, daß dieser verfluchte Gefangene den Schlüssel zur Seele unseres Gebieters besaß und mit dessen Stimmung spielen konnte wie ein Kind mit einem Ball, so daß wir manchmal nicht mehr wußten, wer wen beherrschte. Durch eine Mischung aus Petzen, Hetzen und Nörgeln brachte Saba seinen Gebieter in Wallung, dann schaute er vergnügt um sich und entschied sich in seinem verdorbenen Herzen, auf welches Opfer er das schäumende Ungeheuer loslassen wollte. Du hättest die Männer sehen sollen, wie sie mit gebrochenem Blick den Strichjungen anflehten, sie zu schonen. Dann erschien ein hämisches Grinsen auf seinem Gesicht, und er traf seine Wahl, murmelte irgendeine Anschuldigung gegen den Auserkorenen, und der Herrscher entlud seinen Zorn auf das armselige Opfer. Anschließend befriedigte ihn Saba zur Belohnung mit besonderer Hingabe. Und die übrigen Gefangenen, die gerade noch Todesängste ausgestanden hatten, befriedigten sich am Anblick der zwei, und jeder tat so, als wäre er taub und blind. Nur ich konnte weder Ohren noch Augen zusperren. Und wenn alle, wie einem unsichtbaren Taktstock folgend, im Chor zu stöhnen anfingen, zweifelte ich an meinem Verstand.

In der kurzen Zeit, die ich in dieser verfluchten Zelle verbrachte, ließ Saba mir dreimal die erbarmungslosen

Schläge Abu Schafras zuteil werden. Selten habe ich mir eine Rache so genau ausgemalt wie die an diesem Strichjungen. Ich haßte ihn mehr als Abu Schafra. In meiner Phantasie brachte ich ihn hundertmal um und ließ ihn dabei unendlich lange leiden.

Ich hatte keine Mittel und keine reichen Eltern, die mir etwas schickten, worüber der Herrscher hätte verfügen können. Er nannte mich bald »Abdi«, mein Sklave, und behandelte mich auch so. Ich mußte mit zwei anderen mittellosen alten Männern die Zelle putzen, waschen und spülen, wann immer er es wünschte. Wir drei waren auf der untersten Stufe der Rangordnung. Unser Schlafplatz lag direkt neben dem Fäkalieneimer, der nur morgens geleert wurde.

Nach ein paar Tagen flüsterte ich einem der Gefangenen die Frage zu, warum sich die anderen nicht zusammentaten und Abu Schafra eines Nachts überwältigten und entmachteten. Eine halbe Stunde später wußte der Tyrann davon, und wir beide wurden bestraft, ich, weil ich die Frage gestellt, und mein armer Zuhörer, weil er das nicht gemeldet hatte. Diesmal übernahmen zwei andere Gefangene das Prügeln, während sich der Herrscher mit Saba auf der Pritsche amüsierte.

Als sie ihre Aufgabe erledigt hatten, gab es für den einen eine Flasche Arrak. Er war Alkoholiker und daher doppelt abhängig von Abu Schafra. Dem anderen warf er einen walnußgroßen Klumpen Haschisch zu, und du hättest sehen sollen, wie daraufhin alle übrigen zu unseren Folterern gekrochen kamen, um auch einen Schluck Arrak oder etwas Haschisch zu erbetteln. Wir zwei blieben allein in der Ecke liegen. Mein Kopf schmerzte wie verrückt von den Schlägen und meine Augen von dem Wahnsinn, der in der Zelle vor sich ging.

Zigaretten, Haschisch, Obst und Alkohol teilte der Herrscher aus. Alles lag säuberlich geordnet in Holzkisten unter seiner Pritsche. Wer in der Zelle etwas versteckt hielt, ob in den Kleidern, in der dünnen Matte oder in den Wandlöchern, wurde nicht erst von den Wärtern, sondern gleich von diesem Schläger zur Rechenschaft gezogen. Doch er nahm die Drecksarbeit selten in die eigenen Hände. Nur den Empfang der Neulinge, den er »Hammam«, also Bad nannte, erledigte er gern persönlich.

Und so seltsam es klingt, er bestieg seinen Strichjungen immer nur dann, wenn er oder einer seiner Handlanger gerade jemanden halbtot geprügelt hatte.

Einmal zum Beispiel bekam Saba Lust auf den Herrscher und bemühte sich sehr um ihn, aber ohne Erfolg. Da dies unter den Augen aller geschah, geriet Abu Schafra außer sich vor Wut und begann, auf Saba einzuschlagen. Der verlor, völlig überrascht, seine sonstige Verwegenheit, winselte hilflos und bat um Gnade. Und bei den ersten Jammerlauten wurde der Herrscher schlagartig brünstiger als ein Stier, drang in seinen Untergebenen, und der mußte ihm immer wieder bestätigen, wie hart und stark sein Glied sei.

Zwei Wochen nach meiner Ankunft wurden zwei Gefangene entlassen, und zwei neue traten an ihre Stelle. Ich traute meinen Augen nicht: Die entlassenen Dummköpfe weinten beim Abschied, küßten die Hand ihres Peinigers und baten um seinen Segen, und auch Abu Schafra hatte Tränen in den Augen.

Einer der Neulinge war ein besonders schöner Junge. Er hatte rote Haare und grüne Augen und sah wie ein Engel aus. Er hieß Salman und stammte aus Homs, wo er eine kleine Goldschmiede ausgeraubt und das Geld innerhalb einer Woche ausgegeben hatte.

Nach dem schmerzhaften »Hammam« machten sich zwei Gefangene auf einen Wink des Herrschers an den schönen Jungen heran und gaben vor, ihn zu bewundern, daß er in einer Woche soviel Geld bei den Huren und am

Spieltisch verschleudert hatte. Der Junge lebte auf und ging den zwei Heuchlern auf den Leim. Er trank Arrak und rauchte mit ihnen Haschisch. Drei Stunden später war der arme Junge nur noch ein lallendes Wrack, das die beiden Hurensöhne an den Herrscher weiterreichten. Als der arme Junge nach dem Schock wieder zu sich kam, lag er hilflos unter dem Gewicht des Monsters begraben. Er weinte die ganze Nacht und rief: »Mutter, hilf mir! Mutter!«

Am nächsten Tag schwieg der Junge den ganzen Vormittag, später beim Hofgang stürmte er auf die Wärter los und versuchte, einem von ihnen die Pistole zu entwenden, doch ein anderer war schneller und erschoß ihn. Die Gefangenen in meiner Zelle heuchelten Verwunderung. Abu Schafra schüttelte immer wieder den Kopf. Ich wußte, warum der Junge das getan hatte. Er suchte den Tod. An jenem Tag dankte ich Gott, daß ich so häßlich und voller Narben war, daß Abu Schafra keinen Gefallen an mir fand. Ich war ein Haufen Knochen unter einer stinkenden Haut.

Flucht war unmöglich. Das Gefängnis war so gut abgesichert, daß noch nie ein Insasse hatte entkommen können. Wenn schon nicht aus dem Gefängnis, so wollte ich aber zumindest aus dieser verfluchten Zelle heraus, denn inzwischen hatte ich erfahren, daß es im ersten Stock mehrere geräumige trockene Zellen gab, in denen die Privilegierten gegen Bezahlung allein oder mit wenigen anderen vornehmen Gefangenen saßen.

Mein Ansehen hat mir schließlich die Rettung erleichtert. Bevor ich am ersten Tag in meiner Zelle angekommen war, hatte bereits das Gerücht die Runde gemacht, daß ich durch Gaunereien mit wertlosen Rubeln ein Vermögen beiseite geschafft hatte. Abu Schafra war das gleichgültig, weil er keinerlei Aussichten hatte, je wieder aus dem Gefängnis herauszukommen. Er war nur daran interessiert, sich die Haft zu erleichtern, indem er mit Faust und Messer den

Willen seiner Mitgefangenen brach und sie sich untertan machte. Wobei er, nebenbei bemerkt, von den Wärtern unterstützt wurde, denn mit gebrochenen Häftlingen hatten sie weniger Arbeit.

Ich war im Gefängnis bettelarm, doch meine Zukunft – so die Gerüchte – war golden. Wenn auch Abu Schafra kein Interesse an meinem zukünftigen Reichtum außerhalb des Gefängnisses hatte, so hofften doch die anderen Gefangenen, die die Tage bis zu ihrer Freilassung zählten, daß ich wirklich mit dem Rubelverkäufer eine Menge Gold auf die Seite geschafft hatte und nach meiner Haftzeit ein gemachter Mann sein würde.

Überall wurde ich aufgehalten und gefragt, wieviel Gold ich draußen hätte. Nicht nur meine Mitgefangenen in der Zelle, auch andere, die mich zum erstenmal bei irgendeinem Dienst in der Küche, der Wäscherei oder auf dem Hof sahen, wußten Bescheid. »Du bist Milad mit dem Gold. Gib es zu, ich gönne es dir!« forderten sie mich immer wieder heraus. Es half nichts zu schwören, daß ich kein großes Geschäft mit dem russischen Geld gemacht hatte, sondern nur neunzehn Tage lang nicht zu hungern brauchte. »Komm«, sagten sowohl Wärter als auch Gefangene, »du hast den Hungerleider vor Gericht wirklich prima gespielt, aber uns kannst du doch die Wahrheit erzählen.«

Lange leugnete ich alles ab, bis ich eines Nachts meine Dummheit erkannte. Es ging um mein Leben, und ich Idiot fürchtete um meinen guten Ruf, den ich eigentlich nie gehabt hatte. »Weg damit!« rief ich in die Dunkelheit und entschied mich für mein Leben. Von nun an redete ich anders mit den Wärtern und Gefangenen. »Ihr werdet sehen, ich komme bald raus. Mein Freund hat Verbündete in Paris und London«, übertrieb ich und erzählte einigen »im Vertrauen« von Kisten voller Gold, die wir versteckt hätten. Es wirkte Wunder. Zwei Tage nach meinem Sinneswandel wurde ich in eine bessere Zelle verlegt und durfte mit den Wärtern Tee trinken. Viele Gefangene trugen mir Wünsche vor, die ich für sie erledigen sollte, sobald ich herauskäme. Und einige starke Männer erboten sich, jedem meiner Feinde auf dem Hof eine schlagkräftige Lektion zu erteilen. Kurz überlegte ich, dem Strichjungen Saba eine Tracht Prügel verpassen zu lassen, um mich für die Schmerzen zu rächen, die er mir böswillig zugefügt hatte. Doch die Vernunft siegte. Wenn ich gar anfinge, auf meine Rechnung Gefangene prügeln zu lassen, würden andere bösartige Kräfte aufmerksam werden und mir schließlich nach dem Leben trachten.

Ich verzichtete also auf meine Rache und hielt mich gegenüber den Gefangenen zurück, die mir ihre Dienste anboten. Von Tag zu Tag wurden es mehr. Jeder zweite wollte mir einen angeblich perfekten Fluchtplan verkaufen, abenteuerliche, lebensgefährliche Hirngespinste hoffnungsloser Gefangener. Ich lehnte ab. »Mein Freund«, erwiderte ich ruhig, »holt mich bald am hellichten Tag durch das Haupttor heraus.«

Nach etwa einer Woche begann mir ein widerwärtiger Offizier den Hof zu machen, der mich früher bei jedem Zusammentreffen geschlagen hatte. Er war unglaublich dick und hatte Augen, die eher zu einem Nilpferd als zu einem Menschen paßten. Er hatte mich zuvor bei jeder Begegnung mit seinen ruhigen wäßrigen Augen angesehen und dann ohne Vorwarnung fast zu Tode geprügelt. Erst dachte ich, er haßte mich, weil ich aus Malula oder Christ war, aber bald erfuhr ich, daß er jeden prügeln ließ, auch Abu Schafra, um Eindruck zu schinden. Im Grunde war er ein Angsthase, was er mit einer doppelten Portion Gewalttätigkeit zu verbergen suchte.

Er hatte wohl als einer der letzten von meiner Geschichte erfahren und war vollkommen davon überzeugt, daß ich wirklich das Gold besaß. Und wie ich von einem der anderen Gefangenen hörte, hatte er vor, nach Amerika zu fliehen. Irgend etwas war in seinem Leben schiefgelaufen, und er wollte aus dem immer unsicherer werdenden Damaskus verschwinden. Eines Tages erschien er in meiner Zelle und schlug mich nicht, sondern fragte leise: »Was springt für mich raus, wenn ich dir zur Flucht verhelfe?«

»Zweihundert Goldlira«, antwortete ich trocken. Damit konnte dieser Hurensohn fünf Schiffskarten erster Klasse nach Amerika kaufen.

»Das ist zuwenig. Fünfhundert«, verlangte er.

»Zweihundert und keinen Piaster mehr. Ich erhielt gestern die Nachricht, daß mein Freund auf dem Weg nach Damaskus ist. Es dauert nicht mehr lange, und ich komme sowieso aus diesem Loch raus. Nur nebenbei bemerkt: Rate mal, wer sein Busenfreund ist?«

»Wer denn?« fragte der Offizier immer noch überlegen lächelnd.

»Der Bürgermeister Hussni Bey«, antwortete ich hochnäsig. Damals wußte ich nur wenig von Hussni Bey. Einer der alten Gefangenen, die mein Martyrium in der ersten Zelle teilten, hatte mir einmal zugeflüstert, Abu Schafra sei hier genauso mächtig wie Hussni Bey in Damaskus. Als ich fragte, wer dieser Hussni Bey sei, lachte der Alte. »Man merkt, daß du nicht in Damaskus lebst. Er ist der absolute Herrscher der Stadt und kann jeden noch so mächtigen Bürger erschießen lassen oder umgekehrt einen zum Tode verurteilten Verbrecher vom Galgen befreien.«

Als ich jetzt den Namen des Bürgermeisters erwähnte, wurde der Offizier ganz still, und sein Gesicht zuckte sonderbar. Er nickte und ging. Beim nächsten Hofgang umzingelten mich drei Schläger und wollten aus mir herausprügeln, wo das Gold versteckt war. »Und wenn ich sterbe, ich werde es euch nicht verraten«, rief ich unter ihren Hieben, bis sie müde wurden und mich zerschunden zurückließen. Der Offizier beobachtete das Ganze vom Fenster seines Büros aus.

Ich wußte, daß die Schläger von ihm geschickt worden waren, und wartete auf seinen nächsten Besuch.

Zwei Nächte später kam der Bluthund wirklich und brachte mir eine Wärteruniform. »Zieh das an und warte, bis die Uhr zwölf schlägt. Ich hole dich ab.« Punkt Mitternacht war er zur Stelle, und wir gingen gemeinsam festen Schritts durch das Tor.

»Wo ist das Gold?« fragte er draußen.

»Auf dem christlichen Friedhof von Damaskus, zwischen zwei Zypressen vergraben«, antwortete ich. Der Friedhof lag ziemlich weit vom Gefängnis entfernt, und der dicke Offizier hatte Angst, daß ich ihm in den engen Gassen der Altstadt entkommen könnte. Er weckte also einen Kutscher auf, der in der Nähe in seiner Kutsche schlief, und befahl ihm, zum Friedhof zu fahren. Der Kutscher war betrunken, und als er das Wort »Friedhof« hörte, schimpfte er, denn er mochte Nachtfahrten nicht, schon gar nicht zum Friedhof. Ich setzte mich nach hinten und lachte über seine schlechte Laune. »Geliebte kann man nicht häufig genug sehen«, spottete ich, doch er fand es unbegreiflich, ausgerechnet im Dunkeln Tote besuchen zu wollen. Am Rand von Damaskus wurde der Nebel in dieser feuchten Frühjahrsnacht so dicht, daß der Kutscher immer wieder anhielt und lautstark rätselte, wie er denn weiterfahren sollte. Ich gab ihm Anweisungen, und so gelangten wir schließlich bis zum Tor des großen Friedhofs. Der Offizier wurde unsicher, als der Kutscher ihm sagte, er würde keine Minute dort warten. Ich sprang aus der Kutsche und stieß das eiserne Tor auf. Bis heute erinnere ich mich an das tief ins Mark gehende Geräusch.

»Warte!« rief der Offizier und bezahlte hastig und flu-

chend den Kutscher.»Mach keine Dummheiten, sonst wirst
du hier begraben!« warnte er mich, rang nach Luft und zog
seine Pistole. Es war dunkel und neblig, und wir stolperten
über Äste und umgefallene Grabsteine.»Langsam, nicht so
hastig!« wisperte der Offizier immer leiser hinter mir her.
Plötzlich ertönte ein lauter Schrei, vor uns richtete sich
etwas auf. Mein Gott! Ich bekomme jetzt noch eine Gän-
sehaut, wenn ich dran denke. Mir erstarrte das Blut in
den Adern.»Hurensöhne! Nicht einmal unter den Toten
hat man Ruhe!« zischte eine scheußliche Stimme. Ich
drehte mich langsam um und sah den Offizier mit
erhobenen Händen dastehen.»Er...barmen! Hi...Hi...
Hilfe!« stotterte er und starrte die schimpfende Gestalt
zwischen uns an.

Ich erholte mich schneller von meinem Schreck. Das Ge-
spenst war nur einer der armen Bettler, die nachts auf
dem Friedhof Zuflucht fanden. Wie ein Blitz sprang
ich davon und verschwand in der Dunkelheit. Noch in derselben Nacht
machte ich mich auf
den Weg nach
Malula.

Fünfte Nacht

Wie Milad Seelenverwandtschaft bei einem Grabräuber fand

Als ich in Malula ankam, hatten die Bewohner gerade wieder eine dreimonatige Belagerung hinter sich und sahen noch erbärmlicher aus als ich. Ich stieg hinauf in die Höhle.
 Der Atem der Kinder klebte noch an den felsigen Wänden. Ich konnte nächtelang nicht ruhig schlafen. Doch in der fünften Nacht erschien mir die Fee. Sie trug ein schwarzes Kleid, als trauerte sie mit den Frauen des Dorfes um die vielen Toten. »Du hast Geduld, Milad, und mit dieser Geduld wirst du dein Pech besiegen«, tröstete sie mich und verschwand.
 Als ich aufwachte, schaute ich aus der Öffnung und erblickte in der Ferne einen Mann. Er wandte sich ein paar Schritte nach links, stellte einen Stein auf, dann machte er ein paar Schritte nach rechts und stellte wieder einen Stein auf. Ich eilte zu ihm. Der Mann war Franzose, sprach gebrochen aramäisch und hatte eine rote Haut wie ein gesottener Hammel. Ich half ihm den ganzen Tag und fragte bei Sonnenuntergang, ob ich auch am nächsten Tag bei ihm arbeiten könne.

Er war mißtrauisch, doch er ließ mich für ihn die Erde umgraben. Pro Tag gab er mir einen Piaster, zuwenig zum Leben, doch weit und breit sah ich keine andere Möglichkeit, Geld zu verdienen.

Als mir dann ein Malulianer, der gerade aus Damaskus kam und dort bekanntermaßen mit zwielichtigen Gestalten zu tun hatte, sagte, daß ich nicht nur von der Polizei, sondern auch von einem gewissen Abu Schafra gesucht wurde, wußte ich, daß der Offizier diesen Mörder auf freien Fuß gesetzt hatte, damit er mich tötete. Ich rechnete mit dem Schlimmsten und beschloß, Malula nicht mehr zu verlassen. Ich würde hier zwar hungern, aber es war für mich der sicherste Ort der Welt. Hier kannte ich mich aus. Hier konnte ich nicht nur Abu Schafra, sondern auch jedem polizeilichen Suchtrupp entkommen.

Ich blieb aber auf der Hut und sah mir jeden Fremden, der in Malula ankam, genau an. Zehn Tage später berichtete mir derselbe Informant, daß der Ausflug des Mörders Abu Schafra nur von kurzer Dauer gewesen war. Er hatte sich in betrunkenem Zustand mit einem Ober in einem Nachtlokal angelegt und den Mann erstochen, weil der ihn hinauswerfen wollte. Ich blieb trotzdem weiter in Malula, nicht nur aus Angst vor der Polizei, sondern weil ich dem Informanten mißtraute, der mir neuerdings ständig einträgliche Arbeitsstellen in Damaskus anbot.

Ich hackte also den ganzen Tag lang den Boden auf, schaufelte Erde und siebte sie nach den Anweisungen des Franzosen in kleinen Drahtsieben. Abends mußte ich noch für ihn kochen und Wasser schleppen, denn der Mann wollte nicht im Kloster oder im Dorf übernachten. Er befürchtete, die Leute würden über ihn herfallen. Er erzählte mir, schon dreimal sei er in der arabischen Wüste überfallen und ausgeraubt worden. Er schlief in einem schäbigen Zelt, und ich sollte vor dem Eingang wachen, um ihn vor den

Räubern zu schützen. Ich aber pfiff auf seine Ängste und
schlief ebenfalls. Ich mußte nicht sehr klug sein, um zu wissen, daß der Franzose ein Grabräuber war.

Am ersten Tag schon gerieten wir aneinander. Er war
entsetzt, als ich ihm erzählte, daß ich mich vor dem Krieg
gedrückt hatte. Er schimpfte, ich würde eines Tages noch
lernen, daß es eine Ehre sei, für das Vaterland zu sterben.
Ich sagte ihm, daß ich nicht sterben, sondern leben wolle.
Malula würde ich wie meine Mutter verteidigen, ansonsten
aber könne er mir mit seiner Vaterlandsliebe gestohlen
bleiben. Wir stritten heftig. Ich war stur, und er vertrug
keine Gegenrede, nicht einmal bei Dingen, von denen er
wirklich nichts verstand. Er sprach nur wenig Aramäisch
und genauso schlecht Arabisch, wollte aber Malula besser
kennen als ich.

Doch seine Besserwisserei konnte mich nicht vertreiben. Er war ein merkwürdiger Kauz, und solche Menschen
zogen mich irgendwie immer besonders an. Nachts las er
im Zelt beim Licht einer stinkenden Öllampe und weinte.
Nie wieder habe ich einen Menschen erlebt, der beim
Lesen dauernd Tränen vergoß. Ich dachte, er läse eine
furchtbare Tragödie, und fragte ihn nach einer Weile danach, aber seine Antwort versetzte mich noch mehr in Erstaunen. »Ich lese«, sagte er, »seit zehn Jahren immer
dieselbe Geschichte und weine seit zehn Jahren an immer
derselben Stelle.«

Zwischendurch schaute er vom Buch hoch und auf das
Foto einer Frau, das neben der Öllampe stand, und dann
weinte er noch heftiger.

»Wer ist die Frau?« fragte ich.

»Das ist die Frau, von der die Geschichte handelt«, antwortete er. Eine Nacht lang dachte ich nach, dann war ich
sicher, daß sie seine Geliebte sein mußte.

»Liebst du die Frau?« fragte ich ihn, und bis heute weiß

ich, daß er mir die Frage auf meine Zunge gelegt hatte. Ich weiß, es hört sich verrückt an, aber es ist so. Ich war mein Leben lang schüchtern und konnte und wollte niemanden nach seinem Liebeskummer fragen. Er kitzelte die Frage aus mir heraus, um mir seine unglaubliche Geschichte erzählen zu können.

Nicht nur heute, sondern auf immer und ewig wird dir kein Araber sein Herz bis in die letzten Tiefen öffnen. Und wenn ein Araber sein Herz aufschließt, so läßt er dich in den Salon blicken, in die Empfangshalle oder den Tempel, den er für seine Liebe eingerichtet hat, aber nie in den Keller. Die Araber dichten über ihre unerfüllte Liebe, um nicht von den Wunden zu sprechen. Dichtung kommt aber aus dem Hirn, und so wild sie sich gibt, im Vergleich zur Leidenschaft des Herzens ist sie beschnitten und gestutzt.

Als ich der Erzählung des Mannes lauschte, fiel mir ein, daß sich in meiner Umgebung ähnlich tragische Schicksale ereignet hatten, ich aber immer nur Bruchstücke und nie die ganze Geschichte erfahren hatte. Wir haben nicht gelernt, über das Innerste unserer Seele zu sprechen. Und versucht einer doch mal, seine tiefsten Gefühle mitzuteilen, so sind wir nicht erfahren genug, vorsichtig eine Tür nach der anderen zu öffnen, sondern der Vulkan in unserem Innern ergießt seine aufgestaute Lava mit einem Schlag und entsetzt unser Gegenüber.

Anders dieser Franzose: Ruhig und mit wenigen klaren Sätzen berichtete er mir von seiner Misere, die genügt hätte, drei Männer umzubringen. Seine nächtlichen Tränen retteten ihn. Er war ein erfahrener Dompteur seiner Trauer geworden und konnte seine Geschichte zehnmal erzählen, ohne seine Peiniger auch nur mit einem einzigen Fluch zu versehen.

Meine Mutter war in ihrer guten Zeit eine wunderbare Erzählerin gewesen, aber noch bevor sie zum Kern der Sache gelangte, wuchsen den schlechten Personen ihrer Geschichte teuflische Hörner und den guten flatterten Engelsschwingen auf dem Rücken. Dieser Franzose aber erzählte von sich, als würde er vom Schicksal eines völlig Fremden berichten.

Seine Geliebte, die er jede Nacht beweinte, hatte mit ihm zufrieden in einer kleinen südfranzösischen Stadt zusammengelebt, bis eines Tages ein Abenteurer auftauchte, mit dem sich der Franzose schnell anfreundete. Er ahnte nicht, daß der andere wie ein Raubtier die Fährte seiner Beute aufnahm. Kein Monat war vergangen, da verführte der Abenteurer die Frau, und plötzlich hatte sie die Enge der kleinen Stadt satt und floh mit ihm, den Ehemann dem Gelächter der Nachbarschaft überlassend.

Doch nach zwei Jahren kehrte sie zerschunden und schwerkrank zurück. Der Franzose nahm sie wieder auf, pflegte sie und erntete dafür noch mehr Verachtung der Verwandten und Nachbarn, doch eine Krankheit fraß das Fleisch seiner Geliebten von den Knochen, man munkelte, die Krankheit sei tödlich und ansteckend. Der Mann aber wich nicht von ihrer Seite, bis sie sich erholt hatte. Und nun tauchte der Abenteurer wieder auf, und die Frau verfiel ihm aufs neue. Sie flehte ihren Mann um Hilfe an und bat ihn, sie an ihrem Bett festzubinden. Er tat es und haßte sie und sich selbst dafür.

Bald wurde ihm ihr Anblick unerträglicher als ihre Abwesenheit, denn sie weinte und jammerte ununterbrochen, und so band er ihre Fesseln los, und die Frau rannte geradewegs zu dem Abenteurer und verschwand für immer mit ihm. Am nächsten Tag machte der Franzose sich auf in den Orient. Er verbrachte sechs Jahre in Ägypten und kaufte dort eines Tages uralte Karten, auf denen angeblich die Lage der Grabkammern um Malula verzeichnet war. Und so hatte es ihn in mein Dorf verschlagen.

»Und wer hat dann diese Geschichte geschrieben?« fragte ich ihn mit trockener Kehle.

»Ich«, antwortete er. Doch so eigenartig seine Erzählung auch war, sie bewegte mich weniger als die Sätze, die er danach in der Stille der Nacht leise vor sich hinsprach: »Wer soll nun für sie riechen? Die Arme hat doch keinen Geruchssinn«, flüsterte er, »der Abenteurer mag ein unermüdlicher Liebhaber sein, ein feines Riechorgan besitzt er nicht. Ich kenne ihn. Er kann nicht einmal Rosen von Nelken unterscheiden.« Er schüttelte traurig den Kopf, und in diesem Augenblick schloß ich ihn ins Herz. Warum? Das hat eine Geschichte.

Ich war keine zehn Jahre alt, als ich an einem frühen Morgen die Düfte entdeckte. Es war eigentlich nur ein Duft, der mir in jener frühen Stunde das Tor aufstieß: der Duft des Jasmins, der vom Innenhof zu uns in den ersten Stock emporkletterte und massenhaft kleine, weiße Blüten trug. Ich staunte, als hätte ich nie zuvor etwas gerochen, und ging leise von meinem Zimmer zu den Blumentöpfen meiner Mutter mit Rosen, Nelken und Basilikum. Es war ein Zauber und ein Schrecken zugleich. An jenem Morgen nämlich begriff ich zum erstenmal die Trauer meiner Mutter, weil sie die Blumen so liebte, aber keinen Geruchssinn mehr besaß. Seit einer rätselhaften Erkrankung in ihrer Kindheit konnte sie nichts mehr riechen.

Nachbarn und Verwandte erfuhren nie von dem für sie so unerträglichen Verlust. Meine Mutter beobachtete ihre Umgebung und paßte sich an. Wenn die Leute die Nase rümpften, tat sie es ihnen nach, weil es meistens bedeutete, daß es irgendwo stank; umgekehrt stimmte sie auch mit ein, wenn die anderen den appetitanregenden Duft aus einer Küche, einem Haus oder Restaurant lobten. Und so geschah es, daß ich erst spät von ihrem Gebrechen erfuhr. Es war ein Zufall. Ich kam vom Friseur, verärgert über ein billiges Parfum, mit dem mich der Haarschneider großzügig überschüttet hatte. Meine Eltern saßen zu Hause und tranken ihren Pfefferminztee, als ich schimpfend eintrat und mich neben meine Mutter setzte: »Dieser Geizkragen«, sagte ich empört, »verdünnt den Urin seiner Hündin und gießt ihn uns auf den Kopf.« Meine Mutter lachte, und ehe sie sich versah, geriet sie in eine Falle. Sie wollte mich trösten, nahm meinen Kopf in die Hände, atmete tief ein und erklärte mit übertriebener Begeisterung: »Das ist ein teures Parfum. Du wirst sehen, es wird dir schon bald gefallen, und deine Freunde werden vor Neid erblassen, wenn die Frauen dir deswegen schöne Augen machen«, sagte sie. Mein Vater, der sich noch nie etwas aus Parfum gemacht hatte, wurde neugierig. Er bat mich, zu ihm zu kommen, doch schon nach dem ersten Atemzug schrie er entsetzt: »Mein Gott, Junge, wasch dir sofort den Kopf. Es riecht wirklich nach Urin!«

»Aber Mutter«, sagte ich beleidigt und zugleich verwirrt.

»Deine Mutter kann nicht riechen, mein Junge. Sie schummelt nur!«

Sie wurde rot, regelrecht rot, und lächelte verlegen. »Es stimmt«, sagte sie. Ich muß ehrlich sagen, ich verstand in jenem Augenblick nicht, was es heißt, keinen Geruchssinn zu haben. Bald aber entdeckte ich, daß meine Mutter tief verletzt war, denn sie hatte die Düfte der Blumen, Kräuter und Gewürze geliebt. Lange Zeit hoffte sie, durch ein Wunder geheilt zu werden. Als das nicht geschah, beschloß sie, auf ihre Weise die Nase zu beleben. Und so fragte sie mich eines Tages, ob nicht ich für sie die Welt riechen wolle. Ich war glücklich und fing an, ihr von den Gerüchen zu erzählen.

Düfte sind flüchtig und eigentlich nicht in Worte faßbar. Das wußte sie, und dennoch wollte sie sie später mit meiner Hilfe ein wenig zurückerobern. Und so begleitete ich sie durch die Welt und übersetzte ihr Geruch für Geruch in Gefühl und Geschmack. Wir lachten viel dabei, wenn ich einen Geruch als Mischung aus Rosenwasser auf der Zunge und Samt auf der Haut beschrieb.

Auf diese Weise konnte meine Mutter mit der Hilfe ihrer Zunge und ihrer Finger die Gerüche der Welt einordnen.

Auch später, als sie in die Fänge meines Stiefvaters geraten war, konnte sie mich mit der Frage aufheitern: »Na, Milad, wie rieche ich heute?« Dann lachte ich, obwohl ich Hunger hatte und mein ganzer Körper von Schlägen schmerzte, und antwortete: »Wie eine unreife Olive auf der Zunge: herb bitter, ledern und trotzdem deftig.«

All die Erinnerungen an meine Mutter weckte dieser Franzose, und obwohl er im Grunde nichts als ein armseliger Grabräuber war, fühlte ich mich ihm seelenverwandt.

Ich war genau wie er. Damals auf der Flucht vor meinem Stiefvater und dem Hungertod hatte ich unentwegt gedacht: »Wer soll jetzt für meine Mutter riechen?« Und er, dessen Leben durch das Schicksal seiner Frau ruiniert worden war, trug, Tausende Kilometer von seiner Heimat entfernt, den gleichen Kummer mit sich herum.

In jener Nacht erzählte ich ihm von meiner Mutter und wie ich für sie die Welt gerochen hatte. Und auf einmal war das Eis gebrochen. Er war nicht mehr der Franzose, sondern mein Bruder Edgar, und er nannte mich nicht mehr Malulianer, sondern »mon ami Milad«. Und ich beschloß, ihm zu helfen.

Er suchte seit zwei Monaten um Malula herum nach Schätzen, hatte aber bisher nur zwei Gräber entdeckt, die bereits geplündert waren. Früher war der Boden Malulas voller Silber und Gold gewesen, aber inzwischen hatte man ihn schon hundertmal umgegraben. Es gibt immer noch Schätze, größere sogar als die, die gefunden wurden, doch man kommt nicht so einfach an sie heran. Die Alten waren nicht dumm. Sie haben für die Grabräuber kleine Brocken an der Oberfläche verstreut, aber die wahren Schätze liegen tief unter der Erde. Edgar hatte bis zu jenem Tag nichts gefunden, und das ärgerte ihn, denn er hatte viel Geld für seine Karten bezahlt.

Edgar wurde von Tag zu Tag bedrückter, so daß ich bald Sorge um ihn hatte. Er fastete, und ich folgte ihm aus Furcht und Mitleid, und das mitten im Sommer. Jede Nacht lag er stundenlang auf den Knien und betete. Doch weder seine Gebete noch seine Karten brachten ihm etwas ein. Und plötzlich begriff ich, daß nicht meine Fee uns zusammengeführt hatte, sondern eine andere, die ihn retten wollte.

Eines Tages lief ich ins Dorf und suchte einen alten Verwandten, einen entfernten Onkel meines Vaters auf. Er war Schäfer, und man erzählte, er hätte vor Jahren auf der Suche nach einer verirrten Ziege in einer Höhle neben ein paar Goldmünzen einen Hinweis auf verborgene Schätze entdeckt. Der Gouverneur einer nahegelegenen Stadt hatte damals von der Sache Wind bekommen und den Schäfer so lange foltern lassen, bis seinem Opfer eine Hand zertrümmert war. Erfahren hat er nichts.

Ich erzählte dem alten Mann, daß Edgar in Lebensgefahr sei, wenn er nichts fände, und daß ich ihm deshalb helfen wolle. Der alte Schäfer, ein großer Mann mit einem gewaltigen weißen Schnurrbart, schaute mich an und schüttelte den Kopf. Er streckte seine gelähmte Hand aus dem Ärmel. »Du hilfst deinem Franzosen nicht, du bringst ihm und dir Unheil«, erwiderte er. »Das Gold, das hier vergraben wurde, ist verflucht und mit Blut besudelt. So steht es geschrieben. Sobald es an die Luft gezerrt wird, zieht es aus größter Entfernung die Bluthunde an.« Ich redete lange auf ihn ein, weinte und flehte ihn an, bis er schließlich weich wurde. Er holte die Bibel und ließ mich schwören, solange er lebe niemandem zu verraten, woher ich mein Wissen hatte. Ich schwor, und der alte Mann ging zu einem großen Behälter aus Ton, in dem Weizen gelagert wurde, griff hinein und zog eine Tafel aus Stein heraus, auf der merkwürdige Schriftzeichen standen.

»Hier, das ist der Weg zum Gold«, sagte er und reichte mir die Tafel, »und solltet ihr etwas finden, gebt ein Drittel dem Kloster des heiligen Sergius. Und noch etwas, mein Junge: Du kommst nie wieder zu mir, verstanden?«

Ich nickte, steckte die Tafel in einen Jutesack und eilte davon, in der Hoffnung, Edgar retten zu können. Doch es kam anders.

Edgar konnte die Schrift entziffern, und wir fanden bald ein Grab. Die Beute war klein, aber im Grab fand er Hinweise auf andere Verstecke, und so bohrten wir uns durch die Erde.

Wir waren nun gute Freunde. Wir aßen gemeinsam und erzählten uns in der Nacht von unserem Leben. »Gott hat dich zu mir geschickt«, sagte er bereits beim ersten Fund, und am Abend gab es reichlich zu essen. »Hol Auberginen und Zucchini, Fleisch und Wein«, rief er begeistert.

Elf Tage lang litt ich keinen Hunger, denn Edgar fand am sechsten Tag eine Kiste mit über zweihundert Goldmünzen, und er war wie verwandelt vor Glück. Er sprach nun weniger von seiner Frau und immer öfter von seinem Traum, als wohlhabender Herr mit Harem und Diener im Orient zu leben, und ich sah mich meinem Schatz näherkommen. Ein Drittel des Fundes trug ich in derselben Nacht noch zum Kloster des heiligen Sergius. Unterwegs war ich kurz in Versuchung, ein paar Münzen für mich zu behalten, um davon die übrigen Tage, die mich noch von meinem Schatz trennten, satt zu werden, doch dann fürchtete ich den Zorn der Heiligen. Und ich flehte die zwei Beschützer Malulas, die heilige Takla und den heiligen Sergius, an, mich gemeinsam vor bösen Überraschungen zu schützen. Ich weiß bis heute noch, wie ich nach der Übergabe der Münzen, tief bewegt von den Dankesworten des Abts, auf dem Rückweg vor dem niedrigen Tor des Klosters innehielt. Die Nacht war still, und ich richtete meinen Blick zum Sternenhimmel. »Es ist doch nicht viel verlangt von zwei so großen Heiligen, einer armen Seele zu helfen, noch zehn, fünfzehn Tage lang satt zu werden, sprach ich sie an, in vertraulichem, ja ein wenig mahnendem Ton, als wäre ich ihr intimer Freund.

Doch Salomon der Weise sagt: Alles hat seine Zeit, und meine war noch nicht gekommen. Edgar hatte viel zu früh angefangen zu träumen, und heute weiß ich, daß die Geschichte des alten Schäfers vom besudelten Gold nicht erfunden war.

Am zwölften Tag wurden wir in der Morgendämmerung von Soldaten aus dem Schlaf gerissen, die rücksichtslos auf uns einschlugen. Es waren große Senegalesen, die in der französischen Armee dienten. Es ging alles sehr schnell, und erst auf der Polizeiwache erfuhren wir, weshalb wir mißhandelt worden waren. Dazu mußt du wissen, daß die Franzosen zu dieser Zeit bereits in Damaskus einmarschiert waren und die Osmanen als Besatzer abgelöst hatten.

Ein anderer Franzose hatte von höchster Stelle in Paris eine Genehmigung, ausgerechnet in dem Gebiet, wo wir gruben, nach Schätzen aus griechischer Zeit zu suchen. Edgar hatte keine Genehmigung, man nahm ihm also Gold, Pläne und Tafel ab. Und um zumindest mit heiler Haut zu entkommen, verriet er mich. Er sprach plötzlich nicht mehr mit mir, sondern nur noch mit dem Offizier und auf französisch, und ich merkte, was vorging, auch ohne ein Wort zu verstehen, als die zwei Männer auf einmal anfingen zu scherzen. Als der Offizier dann aufstand und zur Tür ging, um Limonade zu bestellen, fragte ich Edgar auf

aramäisch: »Du hast mich verraten, nicht wahr?« Er antwortete nicht, und in seinen Augen war kein Funke mehr
von meinem Bruder Edgar. Er war wieder der Franzose, von
dem mich ein großer Abgrund trennte. Dann entfernte er
sich auch körperlich, stellte sich ans Fenster und schaute
hinaus. Kurz darauf trank er seine Limonade aus und verabschiedete sich von dem Offizier, verließ den Raum und
überließ mich dem Grabräuber mit offiziellem Segen, der
mich von zwei Soldaten peitschen ließ. Der Dolmetscher,
ein syrischer Student, wiederholte immer wieder die Frage:
»Woher hast du die Tafel?« Ich weinte und schwor bei allen
Heiligen, daß ich sie gefunden hätte, aber sie wollten einen
Namen. Tagelang schlugen sie auf mich ein, doch ich leugnete beharrlich. Schau dir meinen Rücken an, all diese Narben stammen aus jenen Tagen. Nach einer Woche sagte mir
der Dolmetscher: »Armer Hund, sie schicken dich nach Palmyra, und dort bleibst du, bis du in der Wüste zu Dörr-
fleisch wirst oder auspackst.«

Ich hatte nie zuvor von diesem Gefängnis gehört, das
übrigens bis heute von der Regierung für Schwerverbre-
cher und politische Gegner genutzt wird.

Am nächsten Tag brachte mich eine Gruppe bewaffneter
Soldaten hin.

Ich war auf eine neue Hölle vorbereitet, doch was ich
dort fand, war eine Gemeinschaft vornehmer Gefangener
und verunsicherter Wärter. Die Insassen waren einflußrei-
che Leute, die die Franzosen kurz nach ihrem Einmarsch
hatten einsperren lassen, weil sie einen Aufruhr fürchteten.
Die Wärter waren alle Syrer, Bauernsöhne und arme Burschen aus den Städten, die noch vor wenigen Tagen unter
den Osmanen bei der städtischen Polizei und der Armee gedient hatten. Dann hatten die Franzosen sie völlig unvorbe-
reitet nach Palmyra in die Wüste geschickt. Die Wüste erschreckte sie, sie waren ihr ausgeliefert. Ein Gefangener

wurde irgendwann vielleicht entlassen oder konnte zu fliehen versuchen, hier saßen die Wärter fester als die Steine in der Mauer. Die grausamsten Strafen und jede erdenkliche Erniedrigung haben die Beduinen ersonnen, doch nie ein Gefängnis. Das kennen die Nomaden nicht. Ein Gefängnis in der Wüste erschien ihnen als Verbrechen gegen die Natur. Doch nun kamen die Städter, ob Franzosen oder Araber, die die Wüste haßten, auf die Idee, ihre Gefangenen nicht nur hinter einer Mauer einzusperren, sondern zugleich in den unendlichen heißen Sand und in die Vorstellung von Hunger und Durst. Den Wärtern war das nicht geheuer, außerdem fürchteten sie ihre Gefangenen, seit sie von deren Einfluß erfahren hatten. Denn allen war klar, daß die französische Besatzung nicht ewig dauern konnte. In meiner Zelle saßen zwei spätere Minister und der künftige erste Parlamentspräsident Syriens nach der Unabhängigkeit. Letzterer war ein merkwürdiger Vogel. Er lief mit einem steif gebügelten Hemd herum, dessen Kragenfalten schärfer als Messer waren, und trug Krawatten. Er hatte fünf Jahre in Frankreich studiert. Im Grunde liebte er die Franzosen, war jedoch zu ehrgeizig für sie. Diesen Mann vergesse ich nie. Mitten in der Wüste führte er ein Leben, als wäre er in seinem Palast bei Damaskus. Er ignorierte das Gefängnis, sprach über Theater und Musik, aß gepflegt, und wenn ihn etwas belustigte, kamen keine Lachsalven aus seinem Mund, sondern das Lachen schlenderte mit Spazierstock und Krawatte heraus. Die Wärter behandelte er herablassend väterlich und gab ihnen Trinkgeld.

Es dauerte keine drei Monate, bis dieser Kranz gebildeter Politiker die Wärter umgedreht, bestochen und mit ihnen die Flucht ergriffen hatte. Es war der größte Ausbruch in der Geschichte Arabiens: In einer Nacht verschwanden über fünfzig Beamte, vom einfachen Wärter bis zum Gefängnisdirektor, und mit ihnen über tausend Gefangene.

Als die französische Armee von Damaskus aus mit Panzern anrückte, traf sie in den Zellen keine Menschenseele mehr an.

Seitdem haben alle Regierungen in diesem Gefängnis nur noch ihre abgebrühtesten Wärter eingesetzt.

Viele Insassen flohen in den Irak, nach Jordanien, Palästina oder zu den Drusen im Süden. Ich machte mich sofort auf den Weg nach Hause. Mit der Hilfe von Nomaden und gekleidet wie sie erreichte ich die schöne Stadt Homs und wanderte von da aus zurück nach Malula.

Als ich in meiner Höhle einschlief, erschien mir die Fee. Sie war nackt, und ich hatte Sehnsucht nach ihren weichen Armen, doch ich erreichte sie nicht, sooft ich auch meine Hand nach ihr ausstreckte. Sie rückte immer weiter fort, weder lachte noch weinte sie. Sie schaute mich wollüstig an und wiederholte immer wieder die Worte: »Hab Geduld, mein Milad, hab Geduld, dir wird der Schatz in die Hände fallen. Du wirst in deinem Herzen so reich sein wie die Schmetterlinge an Farben. Und dann werde ich deine Geliebte sein«, raunte sie und löste sich auf. Plötzlich stolperte ich und fiel zu Boden; doch da war ich schon aufgewacht. Die Großmutter des Teufels sollte mich holen, wenn ich den Schatz nicht bekommen würde.

Sechste Nacht

Wie Milad im Bordell die Moral kennenlernte

Das Verlangen nach der Fee erweckte mein abgezehrtes Fleisch zum Leben, und es plagte mich der Hunger nach Liebe mehr als der Hunger nach Brot. Doch welche Frau würde sich mit einem armen Teufel wie mir abgeben?

Am Anfang teilte Gott die Menschen mit Bedacht in die gleiche Anzahl von Frauen und Männern. Das Gleichgewicht aber war wie alles Göttliche äußerst sensibel. Ein paar reiche Männer am gleichen Ort genügten schon, die Frauen zu einer hart umkämpften Minderheit zu machen. Je nach Macht und Reichtum sperrte ein einzelner bis zu hundert Frauen in seinen Harem, und noch der letzte Halunke, der ein paar Totschläger befehligte, legte sich fünf Frauen zu. Das ließ das ausgewogene Verhältnis zwischen Frauen und Männern in sich zusammenbrechen, und oft kam auf drei Männer nur noch eine freie, heiratsfähige Frau, die jedoch nur mit einem der Männer das Bett teilen durfte. Und die anderen zwei? Sie konnten ihren Penis in Olivenöl mit Knoblauch und Zitronenscheiben einlegen – davon hatten sie mehr, als wenn sie ihn am Tag zwischen den Beinen baumeln und des Nachts ein Martyrium der Einsamkeit durchleiden ließen.

Drei Nächte hintereinander erschien mir die Fee nackt und schön und raubte mir den Schlaf. Dann hatte ich plötzlich einen Einfall, wo ich vielleicht meinen Hunger nach Liebe stillen und gleichzeitig satt werden könnte. Sofort machte ich mich auf den Weg nach Damaskus. Denn dort gab es in den zwanziger Jahren eines der schönsten Bordelle der Welt.

Es war noch keine fünf Jahre in Betrieb, doch schon wurde jedem Reisenden empfohlen, in Damaskus zu Sultana zu gehen. Sultana, die Puffmutter, war in jener Zeit eine der mächtigsten Personen der Stadt.

Dorthin wollte ich also, einundzwanzig Tage satt werden, ein wenig Liebe finden und dann zurück zu meiner Fee. Um mein Ziel zu erreichen, mußte es mir nur gelingen, Einlaß ins Bordell zu finden. Auf keinen Fall durfte ich als Bettler ankommen, denn die Polizei verjagte sie nirgendwo so brutal wie vor einem Bordell. Diebe, Zuhälter und sonstige Verbrecher waren willkommen, solange sie zahlten, aber Bettler waren den Besuchern lästig.

Ich beschloß, den vornehmen Herrn zu spielen. Dafür mußte ich mir allerdings etwas Geld beschaffen. Ich setzte mich also als blinder Bettler neben die große Omajjadenmoschee von Damaskus und sang den Gläubigen herzerweichende Verse vor. In wenigen Stunden hatte ich genug Geld zusammengebettelt. Aber nicht nur Geld lag im Teller. Von Knöpfen bis zu Zigarettenkippen war alles dabei, sogar einen prächtigen Haschischklumpen hatte jemand gespendet. Das Geld aber reichte für ein gründliches Bad und eine herrliche Mahlzeit. Mit etwas Enthaltsamkeit hätte ich meinen Hunger sogar mehrere Tage stillen können, doch das hätte bedeutet, auf die Idee mit dem Bordell zu verzichten. Aber Kopf und Körper waren inzwischen völlig von dem Gedanken besessen. Und während ich noch dasaß und den Blinden mimte, fiel mein Blick auf die Schuhe, die die Gläubigen beim Betreten der Moschee ausziehen mußten. Kein Mensch würde sie jemals stehlen, es sei denn, er hieß Milad und wollte unbedingt in ein berühmtes Bordell. Ich wählte die teuersten Schuhe aus und zog sie an. Merkwürdigerweise bemerkte den Betrug nur ein Bettler, ein widerwärtiger Mann aus Hauran, der seine Beine im Krieg zurückgelassen hatte. An jenem Tag beneidete er mich, weil er selber keinen einzigen Piaster bekam. Er war schlecht gelaunt und brüllte die Passanten regelrecht an, sie sollten gefälligst einem ehrlichen Patrioten helfen. Dieser Bettler also merkte meinen Schwindel, und als ich die Schuhe nahm, fing er wie verrückt an zu brüllen. »Haltet den Dieb! Haltet den Dieb, ihr Arschlöcher. Er hat euch das Geld abgenommen, und nun klaut er auch noch die Schuhe!«

Ich aber ging seelenruhig durch den Basar, und nach ein paar Schritten lachte ich über seinen Wutanfall. Die Schuhe waren etwas zu groß, aber ein paar Meter weiter fand ich eine Zeitung und stopfte die Spitzen aus. Schon paßten sie wie angegossen, und ich eilte zu einem der schönsten Dampfbäder von Damaskus. Es lag nicht weit von der Moschee entfernt. Am Bad angekommen, lauerte ich so lange vor dem Eingang, bis eine große Gruppe vornehmer Männer in das Hammam hineinging. Ich mischte mich unter sie, zahlte und nahm Handtücher und Kernseife entgegen. Der Bademeister war im Inneren des Hammams beschäftigt, und der junge Bursche an der Kasse war völlig durcheinander. Ich suchte mir einen Mann aus, der meine Größe hatte und einen wunderschönen weißen Anzug abgab. Ich achtete darauf, wo der junge Laufbursche den Anzug aufhing und ging mich dann umziehen. Anschließend kam ich mit dem Badetuch umwickelt zurück − meine Lumpen hatte ich in den Müll geworfen −, übergab dem jungen Burschen meine Schuhe und bat ihn, sie bei dem weißen Anzug abzustellen und auf meine Kleider aufzupassen. Ich gab ihm einen Piaster und fragte scherzend: »Na, mein Kleiner, welcher Anzug und welche Schuhe gehören mir?«

»Ach, großzügiger Herr! Ich bin ein einfacher Bursche, aber ich bin nicht dumm. Natürlich gehören euch der weiße Anzug und die wunderschönen braunen Schuhe. Sind sie aus Schlangenhaut?« Die schwarzen Schuhe des wahren Besitzers schob er etwas zur Seite.

»Nein, mein Junge, sie sind aus Krokodilleder«, antwortete ich. Ich badete schnell, ließ mich für zwei Piaster massieren und rasieren und trat am Ende aus dem Dampfbad wie ein Herr aus edlem Haus. Mein Trinkgeld beim Abschied hätte jeden Bademeister restlos von meiner vornehmen Herkunft überzeugt, und ich wurde mit äußerster Höflichkeit zur Tür begleitet.

Ein paar Meter weiter erstarrte ich plötzlich, als ich die Hand in die Innentasche des Anzugs steckte. Ich stieß nicht nur auf einen prallen Geldbeutel, sondern auch auf etwas Hartes unter dem Stoff. Schnell suchte ich eine ruhige Ecke auf und nahm mir die Jacke genau vor. Mir versiegte der Speichel vor Schreck. Das ganze Jackenfutter war voller Goldmünzen – englischer, französischer, deutscher und russischer, und jede steckte in einem winzigen Täschchen, von einem genialen Schneider so genau angepaßt, daß die Münze niemals herausfallen konnte, auch wenn man die Jacke schüttelte oder warf. Ihr ungewöhnliches Gewicht fiel mir erst jetzt auf. Da wußte ich, daß der noble Herr, dem der Anzug gehörte, alles andere als ehrenhaft war, und ich hatte auf einmal keine Gewissensbisse mehr, dafür aber fürchterliche Angst. Deshalb beeilte ich mich, einen Koffer und einen neuen Anzug zu kaufen. Und erst als ich mit dem Koffer in der Hand aus der Schneiderei herauskam, hatte ich auch keine Angst mehr. Wäre ich ein kluger Mensch gewesen, wäre ich sofort nach Malula zurückgereist und hätte mich einundzwanzig Tage nur mit den feinsten Speisen gesättigt. Aber ich schlug alle Vernunft in den Wind, und der Teufel zog mich geradewegs in das Bordell. Ich kaufte teuerste Unterwäsche, seidene Hemden, feine Taschentücher, englische Socken und viele kleine Flaschen mit französischem Parfum für die Frauen, stopfte alles in den Koffer und machte mich auf den Weg.

Im Bordell überließ ich meinen Koffer dem Pförtner und erlaubte seinen scharfen Augen einen Blick in mein dickes Portemonnaie.

»Zur schönsten Frau von allen!« sagte ich hochnäsig.

»Dann geh zu Nariman, mein Herr. Sie ist die schönste Frau Arabiens. Aber du mußt dich mit Sultana gutstellen, denn sie ist die Herrin und Besitzerin von Nariman.«

Ich stolzierte hinter ihm her wie ein Pfau.

Das Tor erlaubte einen Blick in den Garten, der den Innenhof des Hauses bildete. Ein einstöckiges, quadratisches Gebäude aus weißem Stein, das zum Garten hin offen war. Ich hörte das Wasser eines Springbrunnens plätschern und jemanden Laute spielen. Mein Herz hüpfte ungeduldig, als wollte es mir ins Bordell vorauseilen.

Um in das Innere des Hauses zu gelangen, ging man vom Tor aus nach rechts, wo zwei Polizisten standen, die jeden mißtrauisch beäugten, der sich der Tür näherte. Der Pförtner, der sich in Sekunden zu meinem ergebenen Diener verwandelt hatte, flüsterte hörbar: »Ein vornehmer Parfumhändler.«

Ich weiß bis heute nicht, wie er darauf kam, aber ich fand die Idee nicht schlecht und beschloß, diesen Ruf im Bordell zu behalten. Die Polizisten verneigten sich, als ich ihnen je drei Piaster in die Hand drückte — mehr als sie damals an einem ganzen Tag verdienten.

»Letztes Jahr gab es einen Überfall, und die Herrin hatte ihren ersten Herzinfarkt«, erklärte mir der Pförtner ein paar Schritte weiter. »Seitdem wird das Haus rund um die Uhr bewacht.«

Wir schritten langsam den Gang entlang, zur Rechten waren die Hurenzimmer, zur Linken war der Gang durch ein Geländer vom Garten getrennt. Der Pförtner schickte eine Botschaft durch eine Tür. Darauf öffnete sie sich kurz einen Spalt, um sich hinter uns gleich wieder lautlos zu schließen.

Im Erdgeschoß des Hauses hielten sich über dreißig Huren auf, die mittlere und niedrige Preise verlangten. Huren, die gerade keine Freier hatten, standen oder saßen im Gang herum und lachten, rauchten ihre Wasserpfeife oder starrten über das hölzerne Geländer in den Garten.

Etwa in der Mitte des westlichen Flügels führte eine Treppe zum ersten Stock, wo sich der Gästesalon für die vornehmen Freier befand. Dort wohnten nur zehn Huren, die Bordellbesitzerin Sultana und ihre schwarze Dienerin Rihana. Zwei verschwenderisch eingerichtete Zimmer standen für Reiche zur Verfügung, die eine längere Zeit im Bordell verbringen wollten. Sie kosteten jedoch so viel, daß sie selten und nur von ausländischen Diplomaten genommen wurden, in der Regel aber leerstanden. Das alles und noch mehr erfuhr ich, bevor ich, vom Pförtner geführt, den Gästesalon betrat.

Sultana war eine äußerst imposante Erscheinung. Sie war so dick, daß ihre Haut unter dem Druck der Fleischmassen zu platzen drohte. Und doch war sie eine beeindruckende Schönheit, gewaltig wie eine Landschaft, die man aus der Ferne bewundert, aber niemals in seinen vier Wänden haben will.

Als sie mich erblickte, lachte sie. Ein allwissendes Lachen, sage ich dir, das dir die Knie weich werden läßt. Der Pförtner flüsterte ihr etwas zu.

»Natürlich! Natürlich, ein Parfumhändler, das sieht man doch sofort! Ich liebe Parfumhändler«, und sie lachte wieder schallend und schickte den Pförtner fort. Noch während dieser die Piaster aus meiner Hand nahm, sie sklavisch ergeben küßte und dann davonschlich, ließ sie uns zwei Limonaden bringen.

»Gut, mein Herr, bleiben wir beim Parfumhändler! Willst du eine oder mehrere Nächte verwöhnt werden?«

»Ich werde genau drei Wochen bleiben. Wie ich hörte, kann man bei dir auch wohnen«, sagte ich selbstsicher, als hätte ich überhört, daß sie meine Identität in Zweifel zog.

»Hast du jemanden abgemurkst?«

»Nein«, antwortete ich trocken.

»Oder hast du irgendwo abgeräumt? Ich will keine Schere ...«

»Jetzt hör mal zu«, fuhr ich sie an, »langsam verwandelt sich dein Bordell in einen Gerichtshof. Ich bin zum Vergnügen gekommen und nicht zum Verhör. Ich habe meinen Onkel beerbt, und weil dieser Hund, Gott verbrenne seine Seele, mich zu Lebzeiten nur gequält hat, habe ich geschworen, sein sauer verdientes und geizig gespartes Geld nach seinem Tod bei den Huren zu lassen.« Ich weiß bis heute nicht, woher ich diese Geschichte nahm, aber Sultana war beeindruckt und erwies mir von da an Respekt.

Das Zimmer, in das sie mich führte, lag im ersten Stock und war wie das Schlafgemach eines Königs mit rotem Samt, Teppichen und Spiegeln ausgestattet. Vom großen Fenster aus hatte man einen herrlichen Blick auf den Fluß, der sich von Pappeln umsäumt durch die Landschaft schlängelte.

Das Zimmer kostete ein Vermögen. Aber das störte mich nicht. Ich händigte Sultana die gesamte Summe für die drei Wochen im voraus aus, und die Puffmutter jubelte und bat mich, ihr die Ehre zu erweisen und während meines Aufenthalts alle Mahlzeiten mit ihr gemeinsam im Salon einzunehmen.

Schon am ersten Abend ließ ich Sultana alle Huren zu einem festlichen Mahl einladen. Ich wollte selbst die Frau auswählen, die die einundzwanzig Tage mit mir teilen sollte.

Und als Nariman in den Salon trat, war es um mich geschehen. Sie trug mit Recht den Namen »Perle des Hauses«. Ich sage dir, weder zuvor noch danach habe ich je eine solche Schönheit gesehen.

Und Nariman war nicht nur schön. Wenn sie einen Raum betrat, strahlten die Menschen vor Freude. Auch und vor allem die Frauen im Haus liebten sie. Unter den Huren ist es wie in jeder Zunft; wer Erfolg hat, wird beneidet, aber nicht geliebt. Die meisten Huren gönnten auch hier ihren Konkurrentinnen nicht einmal einen Piaster mehr, als sie selber verdienten. Nur Nariman gönnten sie alles, und weißt du, warum? Weil sie witzig und großzügig war. Sie verdiente an einem Tag soviel wie andere Huren an zehn und gab das Geld mit beiden Händen für Geschenke und Spenden an die bedürftigen Huren wieder aus, so daß sie keine Nacht einschlief, ohne Schulden gemacht zu haben.

Und welch ein Glück! Nariman, vor deren Tür die Männer Schlange standen, fand Gefallen an mir. Sie lachte Tränen in meinen Armen, und außer Parfum wollte sie nichts von mir haben. Ich tilgte immer wieder heimlich ihre Schulden und wurde dabei von den anderen Huren ordentlich übers Ohr gehauen, denn sie wußten, daß ich für Nariman alles bezahlen würde. Aber es machte mir nichts aus, denn Geld hatte ich damals ja mehr als genug.

In der ersten Nacht kam Nariman kurz vor Mitternacht

zu mir. An jenem Tag hatte sie über zwanzig Männer hinter sich. Sie badete, parfümierte sich und zog ein Kleid an, das mir den Atem raubte.

Ich ließ uns eine Menge deftiger Kleinigkeiten, eine Flasche Rotwein und eine Wasserpfeife bringen. Nariman legte sich auf das Sofa, ich stand vor dem Tisch, schaute abwechselnd sie und die vielen Leckerbissen im flackernden Licht der Kerzen an und rief: »Ich bin bestimmt tot, das ist das Paradies.«

»Nein, sei lieber am Leben. Ich schlafe nicht gern mit Leichen«, lachte sie.

»Was? Hast du heute noch nicht genug von Männern?«

»Arbeit hatte ich mehr als genug, aber du bist für mich der Nachtisch, die Freude, die ich den ganzen Abend herbeigesehnt habe. Ich habe mich auf den ersten Blick in dich verliebt, schon als ich dich mit dem Pförtner zu Madame Sultana gehen sah. Komm zu mir.«

Sie zog sich aus, und ich bekam einen Schluckauf vor so viel Schönheit. Ich wünschte mir dreihundert Hände und genauso viele Lippen, um das zu streicheln und zu liebkosen, was sich da auf dem Sofa räkelte. Weil ich aber nur je ein Paar besaß, war ich hastig, worüber sich Nariman sehr belustigte. Der Liebesakt war innerhalb von Sekunden vorbei. Aber was heißt vorbei? Nichts war vorbei. Ein Höhepunkt jagte den nächsten, und irgendwann, vielleicht bei meinem vierten, schwoll auch bei Nariman die Genußader. Sie wurde wild, und wir tobten, daß das Zimmer zu bersten drohte.

Irgendwann fanden wir uns erschöpft auf dem Boden wieder, und Nariman lachte. »Ich wußte vom ersten Augenblick an, daß du ein verrückter Kerl bist und die Liebe mit dir bis tief in die Knochen dringt.«

Ich küßte sie auf die Stirn. »Weißt du«, sagte ich, und bis heute weiß ich nicht, woher ich diesen Einfall hatte, der mir noch viele Stunden traumhaften Glücks schenken sollte, »ich stamme aus einer Familie, die seit Urzeiten an geschlechtlichem Hunger leidet. Wir durften immer Kinder zeugen, aber jeder Genuß war verboten. Als ich dich heute abend sah, hatte ich plötzlich das Gefühl, mit dir zusammen all diese leeren Gefäße in meiner Geschichte mit Liebe füllen zu können.«

Nariman gefiel diese Lüge, und sie spann den Faden weiter. »Gut«, sagte sie, »so wie du mich erst eilig verschlungen hast, haben wir bei den Urvätern deiner Sippe angefangen, die noch rohes Fleisch gegessen haben, und beim letzten wunderbaren Liebesspiel erreichten wir die Zeit, in der deine Vorfahren die ersten Häuser bauten, Kleider anzogen und anfingen zu sprechen.«

Ein verrücktes Spiel war geboren. Ich küßte ihre Zehen und ihren Bauch, Schultern und Hals. Und zum erstenmal in meinem Leben fiel ich küssend in Schlaf, satt und erfüllt von der Liebe. So tief und fest wie in dieser Nacht habe ich selten geschlafen. Als ich am nächsten Morgen aufwachte, war es bereits später Vormittag. Im Haus war großer Betrieb. Etwa fünf Männer standen vor Narimans Tür und witzelten über Huren und Zuhälter. Ich hielt kurz inne, schaute zum Garten hinaus und lauschte unauffällig ihrem Loblied auf Narimans Schönheit.

Sultanas Dienerin, die schwarze Rihana, richtete gerade das Frühstück für mich und ihre Herrin, als ich eintrat. Ich freute mich über den Duft der zerlassenen Butter und der gebratenen Pinienkerne, die bald darauf über dem Teller mit Hummos, dem Kichererbsenbrei, zischten.

»Guten Morgen«, klang Sultanas Stimme hinter dem großen Vorhang hervor. »Ich bin fast verhungert«, fügte sie leicht vorwurfsvoll hinzu, »aber ich wollte nicht ohne dich anfangen.« Dann kam sie mit einer Schachtel voller Nägel und einem Hammer zum Vorschein. Ihr Haar war durch die Wühlerei hinter dem Vorhang etwas in Unordnung geraten.

»Alles muß ich selber machen«, beschwerte sie sich und schüttelte ihre Mähne zurecht. »Rihana, hier sind die Nägel. Nimm sie und gib sie dem Lahmfuß von Pförtner. Er soll sich beeilen.«

Rihana, an die Launen ihrer Herrin gewöhnt, murmelte etwas und bediente uns mit Brot, Hummos, Pasturma, Sa'tar in Olivenöl, Honig, Käse, Oliven und einem Tee, wie ich ihn nirgendwo wieder zu kosten bekommen habe.

Sultana aß so gierig und schnell, daß sie ihren Mund mit beiden Händen bedienen mußte, und ein Wunderwerk von einem Gebiß zermalmte alles in Windeseile. Während wir schweigsam und gierig die vielen Leckereien in uns hineinstopften, entfernte sich Rihana mit der Nagelkiste und dem Hammer. Nach einer Viertelstunde holte Sultana tief Luft, nahm einen kräftigen Schluck Tee und fragte so beiläufig, als wäre es ihr gerade eingefallen: »Und, warst du zufrieden mit Nariman?«

Hätte mich Nariman nicht gewarnt, wäre mein Herz aus seiner Verankerung gesprungen, hätte auf meiner Zunge getanzt und meine Verliebtheit verraten. So aber sperrte ich es hinter einen Riegel vorgetäuschter Gleichgültigkeit.

»Nicht schlecht, wenn auch noch ein wenig jung und unerfahren«, sagte ich kalt. Hätte Sultana auch nur eine Spur von meinen wahren Gefühlen gerochen, so hätte sie nicht nur den Preis für jede Nacht mit Nariman verdoppelt, sondern auch jede Vertrautheit zwischen meiner Geliebten und mir unterbunden, denn Sultana fürchtete nichts auf der Welt so sehr wie den Verlust ihrer Perlen. Zu jener Zeit befahl sie über drei oder vier Frauen von besonderer Schönheit, deren Reize und Verruchtheit über die Grenzen Syriens hinaus bekannt waren und sogar Freier aus Marokko und Saudi-Arabien anzogen. Wie man mir erzählte, kam auch ein berühmter Maler aus Paris jedes Jahr nach Damaskus, um eine Woche in dem Bordell zu verbringen.

Sultana konnte viel verzeihen, auch kleine Diebstähle ihrer Frauen übersah sie, da sie ihnen ja die Blüte ihres Lebens raubte. Nur duldete sie nicht die Liebe zu einem Freier. »Liebe«, sagte sie mir später, »ist eine Herrscherin wie ich, und für zwei Herrscherinnen ist das Bordell zu klein.«

Sultana hatte viel zu tun, und ich wollte bei Nariman vorbeischauen, denn durch Sultanas Fragerei hatte ich brennende Lust auf sie bekommen. Doch da war nichts zu machen, die Schlange der Männer vor ihrer Tür war inzwischen doppelt so lang wie vorher.

Auf dem Gang versuchte der Pförtner, mit einem Fuß auf einer wackeligen Leiter, dem anderen auf dem Treppengeländer ein Bild an dem dicken Deckenbalken aufzuhängen. Immer wieder rutschte sein Fuß ab, und der arme Teufel klammerte sich verzweifelt an der Leiter fest und blickte erschrocken in den Garten hinunter. Bei einem Sturz hätte er sich mit Sicherheit das Genick gebrochen. Hatte er sich wieder gefangen, verfluchte er jedesmal seine Herrin und kündigte leise vor sich hin brummend an, das Bordell zu verlassen und dorthin zu gehen, wo man seine Fähigkeiten richtig zu schätzen wisse. Diese Drohung stieß er bei jeder schwereren Arbeit aus, doch in Wirklichkeit gab es keinen Ort auf der ganzen Welt, an dem er lieber gewesen wäre als in dem Bordell.

Mich beschäftigten in diesem Moment aber nicht so sehr die Schwierigkeiten des Pförtners, als vielmehr das Bild, mit dem er sich abplagte. Es war ein großes Schwarzweißfoto in einem schweren goldenen Rahmen. Ich hatte es schon überall in der Stadt an Säulen und Wänden gesehen, ihm aber bisher keine Beachtung geschenkt. Einen Augenblick lang dachte ich, es zeige einen Heiligen, doch dann fiel mir wieder ein, daß die Muslime keine Heiligenbilder kennen. Der Islam verbietet aber nicht nur die Abbildung von Heiligen, sondern ebenso jede Darstellung des Menschen. Als hätten Gott und sein Prophet in weiser Voraussicht die arabischen Völker von den Bildern ihrer häßlichen Herrscher verschonen wollen. Und nun hing überall dieses Foto, sogar im Hammam und jetzt auch noch im Bordell.

»Wer ist das?« fragte ich den Pförtner und bot ihm an, in einer schattigen Ecke des Gartens mit mir eine Zigarette zu rauchen. Er war völlig benommen von seinem Balanceakt auf der Leiter.

»Der Bürgermeister Hussni Bey.«

Als hätte mein Herz das Unheil geahnt, das mir dieser Mann noch bringen sollte, erfaßte mich augenblicklich eine große Angst.

Als ich Sultana kurze Zeit später traf, fragte ich sie nach dem Bild des Bürgermeisters. Sie lachte mich aus.

»Bilderverbot! Bilderverbot! Zum Teufel damit! Was ist denn so verbrecherisch daran, wenn ein großer Mann sein Bild zeigt? Ohne ihn wärst du nicht in den Genuß von Nariman gekommen. Er beschützt das Bordell, und ich beschütze die Familien. Anstatt über ihre Schwestern, Schwägerinnen und Tanten herzufallen, kommen die Männer in mein Bordell, und Sultana hat für jeden Geschmack und jeden Geldbeutel etwas. Schau sie dir doch an, wie friedlich sie danach lächeln. Ihr Saft ist raus, und sie kehren voll Freude wieder an ihre Arbeit zurück, um später von neuem hierherkommen zu können. Ist das nicht moralisch? Oder ist Moral nur Enthaltsamkeit? Nein, nein, mein Bester, dann will ich lieber nicht in den Himmel, denn wenn diese Enthaltsamen am Ziel ihrer Reise angekommen sind, werden sie all ihren Hunger nach Frauen und Knaben hemmungslos ausleben.« Eine solche Moralpredigt hatte ich in meinem ganzen Leben noch nicht gehört! Und am wenigsten erwartete ich sie in einem Bordell!

»Aber warum muß das Bild des Bürgermeisters über jedem Bett hängen?« fragte ich sie am späten Nachmittag, als ich es auch in meinem Zimmer entdeckte. Sultana blickte mich mit leeren Augen an und lächelte nur verächtlich wie jemand, der einen Fragenden mit einem geringen Teil seiner geheimen Kenntnisse beschwichtigt.

Erst durch meine Geliebte Nariman und meinen Verbündeten, den Pförtner Ismail, erfuhr ich schließlich den Grund für die Bilderflut: In zwei Wochen wollte der Bürgermeister zum erstenmal das Bordell besuchen. Er selber besaß einen Harem mit sechs Frauen und unzähligen Geliebten, doch seit seinem Urlaub in Paris hatte er seine Vorliebe für das Verruchte entdeckt, und so wollte nun seine Exzellenz zwei Tage lang im Bordell weilen, und in dieser Zeit sollte außer dem blinden Lautenspieler kein anderer Mann im Haus sein dürfen. Auch der Pförtner und die zwei Polizisten nicht. Der Besuch sollte streng geheim bleiben, aber in einem Bordell sind Geheimnisse ebensogut aufgehoben wie Wasser in einem Sieb. »Keine Sorge, mein Milad«, flüsterte mir Nariman zärtlich ins Ohr, »du gehst einfach hinaus und schleichst dich durch einen Geheimgang zurück, dessen Eingang unter der Brücke am Fluß verborgen liegt. Ich komme dich dann zwischendurch besuchen. Du mußt nur versteckt bleiben, denn wenn du entdeckt wirst, könnte es dich das Leben kosten.«

»Es ist bestimmt sehr aufregend, unter Lebensgefahr miteinander zu schlafen«, sagte Nariman am folgenden Tag. Dann erklärte sie, mich so sehr zu lieben, daß sie keine Nacht mehr ohne mich verbringen wolle. Ich war bereit, für jegliches Liebesspiel mit ihr meinen Kopf zu opfern.

In den nächsten Tagen verkündete der Pförtner jedem Freier, daß das Bordell am Soundsovielten wegen dringend notwendiger Renovierungsarbeiten für zwei Tage geschlossen würde. In der Tat war das Bordell – abgesehen von den zwei kaum benutzten Gästezimmern – heruntergewirtschaftet. Obwohl alles erst ein paar Jahre alt war, hatte der rege Besucherstrom seine Spuren hinterlassen. Die Zeit schien im Bordell mit vierfacher Geschwindigkeit zu verstreichen, und entsprechend sahen Stühle, Teppiche und Betten aus.

Die Besucher schenkten den Worten des Pförtners jedoch keinen Glauben. Das lag daran, daß die Ausbesserungen bereits in vollem Gange waren: Handwerker brachten überall neue Lampen an, polierten die Geländer im Erdgeschoß und im oberen Stockwerk und verhalfen Springbrunnen und Becken zu neuem Glanz. Ein Gärtner schuftete Tag und Nacht, um den bescheidenen Innenhof in einen Blütentraum zu verwandeln. Sultana wollte unbedingt das Herz des mächtigen Bürgermeisters erobern, um ihm danach ihren ehrgeizigen Plan zu unterbreiten, in Beirut und Aleppo ähnliche Häuser zu eröffnen. Aber es kam anders.

Die Tage im Bordell vergingen wie im Flug. Seit jener Zeit glaube ich nicht mehr an ein ewiges Paradies. Paradiese haben es an sich, flüchtig zu sein. Nur die Hölle ist von Dauer.

Das Spiel der Liebe mit Nariman schritt durch die Jahrhunderte meiner Familiengeschichte voran. »Wer bist du heute?« fragte sie, wenn ich sie bei der Begrüßung umarmte. Dann überlegte ich kurz und nannte einen meiner Vorfahren, und sie entschied sich für eine Frau jener Zeit. Ich war Sultan, Räuber, Gefangener, Ritter oder Dichter, und sie war Räuberin, Sängerin, Haremsdame oder Königin.

Es waren Tage vollendeten Glücks, und einige Male überlegte ich, mit dem noch reichlichen Schatz an Goldmünzen und mit Nariman nach Amerika zu fliehen. Doch wenn ich das auch nur andeutete, winkte sie ab. Sie wollte nicht auswandern. Und schon bereute ich meinen Leichtsinn und verwarf den Gedanken, mit Nariman das ganze Leben verbringen zu wollen, um kurz darauf wieder von einer Zukunft nur mit ihr zu träumen.

Sultana war indes sichtlich aufgeregt, schmiedete Pläne bis tief in die Nacht und lief am Tag mit verschlafenen Augen herum. Sie konnte sich nicht entscheiden, welche ihrer Perlen die erste und entscheidende Nacht des Bürgermeisters versüßen sollte: die dunkelhäutige Nafisa, die rothaarige, etwas rundliche Feirus oder die blauäugige strahlende Nariman.

Fünf Tage vor seiner Ankunft erfuhr Sultana von einem ihrer Kunden, daß Hussni Bey von seinem Besuch in Paris drei Vorlieben mitgebracht hatte: die eine für blauäugige, blonde Frauen, die zweite für Uniformen und die dritte für die schon bekannte Verbreitung seiner Bilder.

Sultana wählte Nariman für die erste Nacht und ließ ihr die Haare blond färben. Und Nariman? Sie war begeistert, fühlte sich plötzlich erhaben über alle anderen Frauen und führte sich auch so auf, was ihr viele sehr übelnahmen.

Sie war sichtlich stolz und redete nur noch von der Begegnung mit dem Bürgermeister. Es kränkte mich tief.

Bei den Freiern, die vor ihrem Zimmer standen, war das anders. Die fertigte sie ohne jede Anteilnahme ab. Es war harte Arbeit für sie, all diese Männer im Bett zu ertragen. Daran änderte auch nichts, daß es manchmal lustig war, wenn Freier vor lauter Aufregung schon bei ihrem Anblick fluchend zum Höhepunkt kamen. Nariman gab ihnen dann einen Kuß auf die Stirn und eilte in das zweite Zimmer, wo bereits ein anderer Freier voller Ungeduld nackt im Bett auf sie wartete.

Nariman gehörte zu den Phantasten. Ihrer Erzählung nach stammte sie aus einer reichen Familie aus Aleppo.

Ihre Urgroßeltern waren aus Persien eingewandert und hatten einen florierenden Handel mit Porzellan aufgebaut, sie verbrachte eine sorglose Kindheit im elterlichen Palast, nicht ahnend, daß der Vater das gesamte Vermögen verspielt hatte und heimlich seine Papiere vorbereitete, um mit seiner Geliebten nach Paris zu fliehen. Als ihre Mutter im letzten Augenblick davon erfuhr, tötete sie erst ihren Mann und seine Geliebte und dann sich selbst.

Von heute auf morgen war der Besitz verpfändet gewesen, und Nariman landete bettelarm in einem Waisenhaus. Dort vegetierte sie vor sich hin, bis Sultana sie als Hausmädchen zu sich nahm. Dann hatte Sultana ihr Bordell eröffnet, und ein Jahr später war Nariman die Perle des Hauses geworden. So oder ähnlich erzählen alle Huren ein bewegendes Märchen über ihr Schicksal. Von Rihana erfuhr ich aber, daß Nariman eigentlich Adawija hieß, aus einem kleinen Dorf im Süden stammte, immer schon mittellos und zuletzt mit einem armen Schlucker verheiratet gewesen war, einem Trottel, der sich jeden Abend halb zu Tode soff. Nariman hatte öfter mit Männern und der Polizei zu tun gehabt, bis Sultana sie aus dem Gefängnis holte und hier unter einem schönen Namen zum Star machte.

So unsicher ihre Herkunft auch war, so sicher träumte sie sich von ihr weg. Sie träumte mit offenen Augen. Auch während die Männer auf ihr lagen, ihre Füße hochstemmten und in sie hineinstießen, träumte sie mit offenen Augen. Und sie sah einen Ritter kommen, Sultana töten und Nariman erhobenen Hauptes zur Frau nehmen. Nein, fliehen wollte sie nicht, weder nach Amerika noch sonstwohin. Ich war nicht der einzige, der ihr ein solches Angebot gemacht hatte. Jeder zweite Mann sprach – kurz vor seinem Orgasmus, wenn Männer die meiste Lust auf das nächste Liebesspiel verspüren – von Flucht, aber Nariman wollte

116

nicht weglaufen. Sie wünschte sich ein stolzes Ende ihrer Schmach. Und in jenen Tagen sah sie in dem Bürgermeister ihren ersehnten Ritter. Sie spielte zwar immer noch Nacht für Nacht mit mir die Geschichte meiner Vorfahren, und wir genossen unsere Liebesspiele, doch unmittelbar danach schwärmte sie vom Bürgermeister, denn Sultana würde sie freigeben, wenn er sich in sie verlieben sollte, und deshalb wollte sie sich alle Mühe geben. Aus diesem Tagtraum war Nariman nicht mehr zu wecken.

Ihre Schwärmereien steigerten sich zur Besessenheit, bis sie mich eines Tages im Rausch mit dem Bürgermeister verwechselte und Hussni Bey nannte. Ich brüllte, ich schrie und weinte, weil ich der Sklave ihrer Liebe geworden war und die Eifersucht meine Seele auffraß.

Nariman schwieg und streichelte mich. Wir rauchten gemeinsam eine Wasserpfeife mit einem prächtigen Klumpen libanesischen Haschischs, und bald wurden wir wieder lustig, und ich schlief noch einmal mit ihr. Sie war eine Haremsdame des Sultans Abdulhamid, und ich war wie einer meiner Urgroßväter ein Sklave, der sich als Eunuch tarnte und immer mit hoher Stimme sprach. So berauschend habe ich mein Leben lang nie wieder mit einer Frau die sinnliche Liebe erlebt.

Aber welch ein Elend! Kaum hatte sie sich gewaschen, sprach sie wieder vom Bürgermeister. Diesmal wurde ich nicht zornig, auf einmal war es mir gleichgültig. Bis heute weiß ich nicht, warum ich von einer Sekunde auf die andere die Eifersucht besiegt hatte.

Hatte ich bereits begriffen, daß ich Nariman aufgeben mußte, und wollte ich nur noch die kurze Zeit bis zur Vollendung der einundzwanzig Tage satt verbringen?

Oder verlieh mir der doppelte Rausch von Haschisch und Liebe hellseherische Fähigkeiten, so daß ich die heranrollende Katastrophe vorausahnte? Bis heute weiß ich keine

Antwort darauf. Jedenfalls lehnte ich mich zurück und fragte eher scherzend:»Na, was hat der Bürgermeister, dieser Fettwanst, was ich nicht habe? Hat er vielleicht zwei Penisse? Oder drei Hoden?«

»Er hat noch mehr, geliebter Milad. Du bist ein Parfumhändler, ein Kleinkrämer, du verstehst solche Affären nicht.« Sie sagte tatsächlich Affären.»Wenn ich Hussni Bey zwischen meinen Schenkeln festhalte, halte ich nicht diesen fetten, häßlichen Mann, sondern den Staat zwischen meinen Beinen, und diese Macht, die ich in mich hineinsauge, ist die zauberhafte Herrlichkeit, die ihn in meinen Augen wertvoller macht als alle Schönlinge Arabiens.«

»Mein Gott, du bist ja fast eine Dichterin«, gab ich gelassen zurück und reichte ihr den Schlauch der frisch zubereiteten Wasserpfeife.

»Nein, Milad, mach dich nicht lustig über mich. Ich dichte nicht. Du bist vielleicht reich, aber du bist nur du. Er aber ist mehr, und du kannst mir glauben, ich weiß, wovon ich rede. Oder hältst du Feirus und Nafisa für hirnlos, daß sie Sultana anbieten, ein Jahr lang umsonst für sie anzuschaffen, wenn sie meine Stelle einnehmen dürfen? Beide wissen genau, daß diese Nacht mit dem Bürgermeister wert ist, ein Jahr lang über sechstausend Männer zu ertragen.«

Ich wußte nichts von der Macht dieses Bürgermeisters, doch ich sah den Wahn in den Augen der jungen Hure. Es war der Wahn, den die Hoffnung erzeugt, der Wahn, der in den Augen der Durstigen steht, wenn sie die Fata Morgana einer Oase erblicken. Ich schwieg und drückte sie an meine Brust. Arme Nariman!

Zwei Tage vor dem Besuch des Bürgermeisters glich das Bordell einem glänzenden Juwel. Sultana ließ sogar Eisblöcke aus der Eisfabrik holen, um die Getränke zu kühlen. Damals gab es noch keine Kühlschränke, und Sultana hatte geschworen, dem Bürgermeister mitten im heißen August, der die Bewohner der Stadt vor Hitze fast ersticken ließ, sein Lieblingsgetränk eiskalt zu servieren. Den französischen Champagner besorgte sie sich von den Schmugglern im Hafen von Beirut.

Jeden Morgen holte sie Nariman eine Stunde zu sich ins Zimmer und brachte ihr französische Wörter und Tischmanieren bei. Alles, aber auch wirklich alles tat Sultana, um an ihr Ziel zu gelangen, und doch kam es anders. Am letzten offenen Tag erlebten wir einen Ansturm von Freiern, die durch das Gerücht alarmiert worden waren, das einzige Bordell von Damaskus würde nicht für zwei Tage, sondern für immer seine Tore schließen.

Manch armer Teufel verkaufte seinen Esel, mit dem er täglich als Lastenträger sein Brot verdiente, um ein letztes Mal – und nicht selten auch zum ersten Mal – in den Armen einer Frau zu liegen. Diesen Tag werde ich mein Leben lang nicht vergessen. Auf den Gängen spielten sich verrückte Szenen ab, und ich wußte nicht, ob ich lachen oder weinen sollte. Ich beobachtete, wie einige Männer, die an diesem Tag drei- oder viermal die käufliche Liebe genossen hatten, sich danach ohne Geld und entkräftet am Geländer entlangschleppten. Kurz vor dem Ausgang erblickten sie eine Hure, hielten an, lehnten sich an das Geländer und bettelten, sie möge ein letztesmal ihr Kleid hochheben, damit sich ihre Augen noch einmal daran weiden konnten, ehe sie wieder hinaus in die Augusthitze und den Staub der Straße mußten.

»Kostet einen Piaster für vorn und einen halben für hinten«, erwiderte die Hure.

»Bitte«, flehte ein etwa Vierzigjähriger, »nur kurz lüften«, und die Hure lachte und wedelte schnell mit ihrem Rock, so daß die Männer für eine Sekunde ihr nacktes Hinterteil sehen konnten.

»Oh, mögen meine Augen erblinden, damit das Bild deines Hinterns als letztes in meinem Hirn bleibt«, rief ein Mann unter dem Gelächter seiner Begleiter, dann schleppten sie sich hinaus.

Nur Narimans Zimmer blieb an jenem Tag verschlossen. Sultana wollte sie vor der Masse der gierigen Männer schützen. Sie hatte Angst, sie könnten ihre Perle durch Kneifen und Saugen verunstalten.

Nariman stand an diesem Tag direkt unter Sultanas Obhut, und die Puffmutter ließ sie am Vormittag nur mit einem der vornehmsten Basarhändler von Damaskus ins Bett gehen, nachdem dieser sein Wort gegeben hatte, Nariman weder zu streicheln noch zu küssen. Ich aber durfte Nariman nicht anfassen. »Du bist mir zu wild, nimm dir jede andere kostenlos für heute«, sagte Sultana streng. Sie wollte lieber ihrer Erfahrung als meinen beschwichtigenden Worten vertrauen.

»Ich will ihr doch nur eine kleine Geschichte erzählen«, scherzte ich.

»Aha, Geschichte! Die Masche kenne ich, und dann willst du ihr nur zeigen, wie der Held sein Pferd streichelte, und dann mitten im Märchen liegst du zwischen ihren Beinen, und keiner weiß, wie und warum es dazu kam. Erzähl lieber mir dein Märchen, und ich erzähl es ihr weiter«, erwiderte Sultana giftig. Es war nichts zu machen. Aber ich mußte Nariman unter vier Augen sprechen, denn irgend jemand hatte Sultana den Geheimgang unter der Brücke verraten, und innerhalb von Stunden war er zugemauert. Ich war erschrocken. Das hieß, daß ich am nächsten Morgen aus dem Bordell ausziehen mußte.

Nariman kam für einen Augenblick in den Salon. Aber sie weigerte sich, meine Zeichen zu verstehen, daß ich sie sprechen wollte. Jeder Esel hätte mich verstanden. Sie warf mir aus der Ferne einen toten Blick aus kalten Augen zu, dann versteckte sie sich auf Sultanas Befehl in deren Zimmer.

Gegen Mittag kam Nariman noch einmal in den Salon, um einen Kaffee zu trinken. Ich rauchte gerade mit der Ägypterin Asisa eine mächtige Wasserpfeife. Ich wollte die Aufregung und Freude Narimans im Haschischdunst vergessen. Sie war voller Sehnsucht nach ihrem Bürgermeister und übersah mich. Sultana dagegen strahlte nicht nur wegen der astronomischen Einnahmen, sondern weil sie ihre Herrschaft über Nariman genoß.

Am frühen Nachmittag war ich so gelassen und lustig, daß mein Lachen und Flirten mit Asisa nicht nur Nariman, sondern auch Sultana zu ärgern begann. Sie bat uns beide, den Salon zu verlassen. Ich richtete mich gerade umständlich und unwillig auf, als ein kleiner beleibter Mann mit Sonnenbrille die Salontür hinter sich schloß und geradewegs auf Sultana zuging, die hinter der Theke stand. Was er ihr leise ins Ohr flüsterte, konnte ich nicht verstehen, aber ich hörte Sultana kalt ablehnen: »Sie ist heute nicht zu haben. Monsieur.«

Der Fremde legte eine große Goldmünze auf die Theke. Von meinem Platz aus konnte ich nicht erkennen, was für eine Münze es war, doch ich sah die Verwandlung in den Augen von Sultana, die jetzt wußte, daß der Freier der Schar der feinsten Herrschaften von Damaskus angehörte. Und als er herablassend sagte: »Das ist nur für dich«, sah ich Sultana erröten, nicht vor Scham oder Rührung, sondern allein durch den Schlag der Überraschung. Gefühle wie Scham hatte diese Matrone längst zu Grabe getragen. Nach ein paar Sekunden bleischwerer Stille vollzog sich eine zweite Verwandlung im Blick von Sultana. Sie wurde zur kalt abschätzenden Expertin. Mit den Augen überprüfte sie die Münze, durchbohrte das Metall und erkannte seine edle Herkunft. Augen können alle Organe ersetzen.

Mit Augen kann man lieben und hassen, loben und tadeln, bitten und befehlen, aufleben und sterben.

Sultana nahm die Münze an sich und mahnte den Freier, nicht zu saugen oder zu kneifen.

Darauf ließ der Mann zwei weitere Goldmünzen auf die Theke rollen. Sultana war sehr zufrieden. Soviel verdiente sie sonst nicht in einer Woche mit ihrem Bordell. Sie verbeugte sich, säuselte »Zu ihren Diensten, edler Herr« und wandte sich verärgert zu Asisa und mir, weil wir über ihren untertänigen Tonfall lachten. »Und ihr beide schert euch zum Teufel!«

Wir jauchzten wie ungezogene Kinder und rannten in mein Zimmer, und ich weiß nicht, warum, vielleicht kam das wieder vom Haschisch, das eine Gehirnzelle blank scheuerte, so daß sie mir prophetische Schärfe verlieh: In dem Augenblick, als ich die Tür hinter mir zuschlug, wußte ich, daß dieser fette Mann mit der Brille niemand anderer als der Bürgermeister war, der inkognito ins Bordell gekommen war und gerissen Sultana foppte. Doch die benebelten Zellen meines in Haschisch getränkten Hirns löschten diese Erkenntnis gleich wieder aus, und ich sah nur noch das Lachen Asisas, das zwei Reihen vergoldeter Zähne entblößte.

Wir waren beide so heiter und berauscht, daß unsere untere Hälfte völlig gelähmt war. Wir balgten wie Kinder und lachten, bis uns die Bäuche weh taten. Das ganze Lachen meiner Kindheit entfesselte die Ägypterin, die zu allem einen Witz wußte.

Ich weiß nicht, wie lange wir so getobt haben. Vielleicht zwei Stunden, es können auch drei gewesen sein. Plötzlich wurde die Tür zu meinem Zimmer aufgerissen, und Nariman stand auf der Schwelle. Sie war völlig zerschunden. Hinter ihr sah ich die besorgten Gesichter mehrerer Frauen. Der Schock traf mich so tief, daß der Rausch

schlagartig aus meinem Kopf verschwand. Ich war hell-
wach und nüchtern.

Nariman war übel zugerichtet. Sie weinte. Ich lief zu ihr,
und sie warf sich in meine Arme. »Oh, liebster Milad, hilf
mir. Ich bin verloren! Ich bin verloren«, sprach sie und stieß
merkwürdige Schreie aus wie ein geschlagenes Tier. Die
anderen Frauen blieben stumm. Auch Sultana gesellte
sich lautlos und blaß zu uns. Ich befahl einer der Frauen,
Rosenwasser und eine Zitrone zu bringen, zündete Nariman eine Zigarette an und wusch ihr das Gesicht mit bele-
bendem Parfum.

Als sie das Wasser ausgetrunken hatte, wurde sie etwas
ruhiger. Alles war still, und die Frauen ließen sich überall in
meinem Zimmer nieder. Was draußen geschah – das Haus
war immer noch voller Freier –, interessierte niemanden,
nicht einmal Sultana.

»Der Mann«, begann Nariman langsam, »war sehr
freundlich, und auf dem Weg ins Zimmer fragte ich ihn,
was er beruflich mache. ›Ich bin Pförtner bei seiner Exzellenz, dem Bürgermeister von Damaskus‹, antwortete er und
erklärte mir, wie schwer und gefährlich seine Arbeit sei. Ich
erwiderte, das sei mir klar, da unser Pförtner Ismail ebenfalls schwere und manchmal auch gefährliche Arbeit zu
verrichten hätte, und er lachte.

Im Zimmer zog er alles aus, nur seine Brille nicht. Ihr
wißt ja, wie viele verrückte Wünsche die Kundschaft mit-
bringt. Er liebe es mit Brille, sagte er, und ich lachte und
erklärte ihm, mich interessierten die Augen nicht, und
griff nach seinem Ding. Nein, erst sollten wir Champagner
trinken, verlangte er. So geschah es, und er erzählte mir
viel von seinen Abenteuern. Ich griff immer wieder nach
seinem Ding unter dem gewaltigen Bauch. Ein Winzling,
so klein wie eine Olive. Ich versuchte mit allen Mitteln,
ihn hervorzulocken. Bei all den Liebkosungen hätte selbst

eine Leiche einen Steifen bekommen, aber bei ihm war es anders. So etwas habe ich noch nie erlebt. Seine Olive wurde immer kleiner, bis sie plötzlich in seinem Hodensack verschwand.

›Weißt du, wer ich bin?‹ fragte er und trank sein Glas Champagner in einem Zug aus.

›Du sagtest, du seist der Pförtner seiner Exzellenz.‹ Er lachte. ›Ich wollte dich nicht erschrecken. Ich bin nicht der Pförtner, sondern ein Leibwächter seiner Exzellenz.‹

Das kannte ich von vielen Männern: Je kleiner ihr Ding wird, desto größer wird ihr Mundwerk.

›Auch gut‹, erwiderte ich und fügte hinzu: ›Das ist bestimmt auch eine sehr schwere und gefährliche Arbeit‹, um mir seine Reden zu ersparen.

›Ja, aber nicht deswegen sage ich das. Das Bild seiner Exzellenz an der Wand lenkt mich ab. Ich denke dauernd daran, wie ich ihn schützen könnte, wenn er in diesem Raum wäre.‹

Ich dachte, die Welt wird immer verrückter, sprang auf und drehte das Bild um.

Nichts zu machen! Als ich nach seinen Hoden griff, um die Olive herauszuschmeicheln, verschwand der Hodensack samt Inhalt in seinem Bauch, und der Mann war unten völlig glatt. Nur noch ein zweiter Nabel deutete den Ort seines Geschlechts an. Dabei schien er mir auf sonderbare Weise unbeteiligt. Er trank weiter Champagner, den ich nicht mehr anrührte.

Ich weiß nicht, warum, aber mich erfaßte Panik. Ich habe Hunderte von impotenten Männern gehabt, aber noch nie einen solchen Fall. Dann erinnerte ich mich an den Lederpenis, den Sultana den »Umstülper« nennt. Sie hatte mir ein Exemplar gegeben, als ich hier anfing, und mir empfohlen, es einzusetzen, wenn Männer zwei Nabel trügen. Den anderen Frauen hätte es immer wieder geholfen.

Ich sagte meinem Freier also, er solle sich etwas ausruhen, eilte hinter den kleinen Vorhang, band mir das künstliche Glied um, beschmierte es mit Fett, damit es gut glitt, und hoffte, durch den Hintern des Leibwächters seinen Penis nach vorn zu stülpen.

Ich schlich leise zu ihm zurück. Er lag auf dem Bauch, und ich stieß den Penis in seinen Hintern und tastete vorn mit der Hand nach einem Zipfelchen seines Dings, um es herauszuziehen, doch es kam nichts aus dem Nabel. Ich stieß noch einmal. Der Leibwächter schrie laut: ›Was machst du, du Hure und Tochter einer Hure?‹

›Gedulde dich einen Augenblick, mein Herr‹, beruhigte ich ihn, ›noch ein paar Stöße, und wir haben dein bestes Stück wieder draußen.‹

Er konnte sich nicht wehren, ich drückte seine Beine auseinander, so wie die Männer es mit uns machen, wenn sie sich unseres Rückens bemächtigen. Ich stieß und stieß, doch ohne Erfolg. Verzweifelt gab ich auf.

›Weißt du, wer ich bin, du Schlampe?‹ rief er und sprang wütend auf. Es war furchtbar komisch«, sagte Nariman und fing an zu lachen. »Er stand da, schwanzlos und dickbäuchig wie eine Frau im neunten Monat, und ich lag auf dem Bett und schaute im Dämmerlicht auf das steife, glänzende Glied, das über meiner Scham in die Luft ragte.

›Weißt du, wer ich bin?‹ wiederholte er, da ich nur lachte.

›Ja, du bist ein Leibwächter seiner Exzellenz‹, erwiderte ich unbeteiligt.

›Das habe ich nur gesagt, damit du, Hurentochter, nicht vor Angst tot umfällst. Ich bin Hussni Bey persönlich. Was sagst du dazu, du dreckige Hure?‹ sagte er und faßte an seinen Hintern, der ihn scheinbar schmerzte.

›Jetzt reicht es aber, du impotenter Sack. Ich wollte dir nur helfen, mehr nicht!‹

›Hurentochter‹, brüllte er und versetzte mir eine gewal-

tige Ohrfeige, weißt du, wen du da gefickt hast?‹ Und dann
schlug er erbarmungslos auf mich ein. Ich verfluchte seine
Mutter und trat nach ihm. Darauf hörte er auf mich zu prügeln, schrie noch einmal: ›Ich werde dir zeigen, wen du in
den Hintern gefickt hast‹, zog sich eilig an und hastete
davon.«

»Die Männer sind doch Schweine«, sagte eine alte Hure,
als Nariman geendet hatte. »Sie ficken uns jahrtausende-
lang, und wenn eine Frau in guter Absicht einen Mann
besteigt, so machen sie daraus eine Schande für den ganzen Staat.«

Einige Frauen beschwichtigten Nariman. Sie solle sich
nicht soviel Sorgen machen, denn an keinem anderen Ort
würden sich Männer so mächtig fühlen wie im Bordell. Da
gäben sie an, weil sie vor und unter sich nur eine Hure hätten, die jeder Esel besteigen darf, solange er bezahlt.

Die Frauen kamen und gingen, und manche trösteten
Nariman und hatten Mitleid mit ihr. Nur ihre zwei Konkurrentinnen Feirus und Nafisa taten bloß so und lachten hinter vorgehaltener Hand auf dem Gang.

Sultana schwieg wie die Sphinx von Ägypten. Sie, deren
Worte sonst schneller als Schüsse kamen, sagte keinen Ton.
Sie, deren Geist für jede Frage eine Antwort bereithielt,
schaute verwirrt und blaß in die Ferne. Und noch einer
schwieg mit ihr, da er in seinem Innern bereits das Unheil
hereinbrechen sah: ich, der verfluchte Pechvogel, der in
diesem Augenblick seine sieben Sachen hätte packen und
schneller als der Wind das Weite suchen sollen. Ich hatte
die ganze Zeit keinen Hunger gelitten, und mich trennten
nur noch ein paar Tage von meinem Ziel, der Erfüllung
meiner Träume. Ich hatte noch so viele Goldmünzen, daß
ich Jahre in Saus und Braus hätte leben können. Doch wie
gelähmt blieb ich sitzen. Ich wollte Nariman beschützen,
und sie brauchte mich.

Sie kuschelte sich an mich und flehte mich an, sie nicht allein zu lassen. Auch Sultana, die herzlose Zuhälterin, streichelte ihr den Kopf und bettelte mich mit Hundeaugen an, bei der »Kleinen«, wie sie Nariman nun nannte, zu bleiben. Auf ein Zeichen von ihr verließen alle Frauen das Zimmer, und kurz darauf kam ihre treue Dienerin Rihana herein, begleitet von zwei anderen Huren, und brachten uns Wein, Pistazien und eine mächtige Wasserpfeife mit einem walnußgroßen Klumpen Haschisch. Bald vergaß Nariman den fetten Besucher. Wir aßen, tranken, rauchten und liebten uns. Kurz nach Mitternacht rief Nariman, nachdem sie mich durch ihre Liebkosungen wieder zu einem Liebesspiel ermuntert hatte: »Und wo sind wir nun in der Geschichte angelangt?«

»Zuletzt haben wir die jetzige französische Besatzungszeit genommen, und wir spielten mehrere Personen aus meiner und deiner Familie. Aber heute, ja heute sollten wir die Zukunft spielen«, rief ich überschwenglich.

»Dann fang ich an«, sagte sie, »ich bin eine freie Frau, die lieben und hassen, tun und lassen kann, ganz wie und was sie will. Und du?«

»Und ich«, erwiderte ich übertrieben theatralisch und kniete mich zwischen ihre Beine, »ich bin der stolze Araber, ein freier, satter und zufriedener Mensch.«

Ich hatte diese Worte noch nicht zu Ende gesprochen, als die Tür mit einem gewaltigen Schlag aus den Angeln gesprengt wurde. Sie hätte uns um ein Haar erschlagen. Herein stürmte eine Horde Soldaten, Gestalten der Dunkelheit. Ich konnte nichts mehr sehen. Es hagelte Hiebe mit Bambusstöcken und Gewehrkolben. Schau, diese Narbe auf der linken Schulter stammt von jener Nacht. Sie traten alles in Scherben und schlugen uns gnadenlos. Als ich versuchte, Nariman mit meinem Körper zu schützen, fluchten die Soldaten und traten mich hinaus. Draußen auf dem

Gang sah ich, wie andere Soldaten die Frauen zum Ausgang jagten.

Nackt und blutüberströmt wurden wir schließlich mit den anderen in die drei Lastwagen hineingepfercht, die vor dem Haus standen. Die Luft war erfüllt von Wimmern und Klagen, Betteln und Fluchen. Und immer wieder prügelten die Soldaten auf uns ein.

In unserem Lastwagen befanden sich der blinde Lautenspieler und viele Huren aus dem Erdgeschoß. Der Vollmond leuchtete hell in dieser schwülen Augustnacht, und die Frauen sahen ohne Schminke, erschrocken und mißhandelt, furchtbar häßlich aus.

Wo Sultana war, wußte ich in jener Stunde nicht.

Drei Frauen und ich waren splitternackt. Einer der Soldaten warf einen Blick auf uns, schüttelte den Kopf, eilte ins Haus und kehrte mit einem Haufen Kleider und einer zerschlissenen Männerhose zurück. Wir zogen uns hastig an. Ich flehte einen der Soldaten an, mir meinen Koffer zu bringen, aber er lehnte schroff ab und beschimpfte mich als Zuhälter. Als ich einen anderen darum bat, schlug der mich mit seinem langen Bambusrohr ins Gesicht.

Die Lastwagen fuhren aus der Stadt. Meine Wunden hörten auf zu bluten und schmerzten fürchterlich. Nariman zitterte am ganzen Leib, obwohl es so schwül war. Als ich das Klappern ihrer Zähne hörte, erkannte ich, daß ich alles verloren hatte. Alles, auch die baldige Begegnung mit der Fee. Ich schauderte und wußte plötzlich, daß Nariman innerlich fror. Ich drückte sie an mich.

»Milad, Geliebter«, sagte sie, »du bist der einzige Mann auf dieser Welt, der mich wirklich geliebt hat. Ich werde immer weinen, wenn ich an dich denke. Ich hätte mit dir nach Amerika fliehen sollen. Aber ich war dumm. Ich hörte auf die verfluchte Sultana, und die sagte mir, ich sollte mich vor dir in acht nehmen, du seist ein Spieler. Und Spieler

verkaufen ihre Mutter, wenn sie Geld brauchen. Aber du
bist kein Spieler. Erst heute nacht ist mir das klargeworden.
Ein Spieler wäre sofort weggerannt und hätte sich eine andere genommen. Du bist geblieben. Obwohl du gewußt
hast, daß der fette Mann niemand anderer als der Bürgermeister war und seine Rache auf dem Fuß folgen würde.
Stimmt es, daß du es gewußt hast?«

»Ja, es stimmt, aber was soll's nun? Warten wir ab, was
der Bürgermeister mit uns vorhat«, erwiderte ich.

»Und ich sage dir, geliebter Milad, unser Staat ist impo-
tent«, sagte sie und nahm einen Zug aus einer Zigarette, die
herumgereicht wurde.

Schließlich hielten die Lastwagen vor den Mauern eines
großen Gefängnisses. Wir mußten eine Stunde auf dem
Platz davor ausharren, denn der Gefängnisdirektor weigerte sich, uns aufzunehmen.

Ein paar Tage später erfuhr ich, warum. Die Truppe,
die uns überfallen hatte, war die Leibgarde des Bürgermeisters. Sie wurde reichlich belohnt. Nicht nur der
vollgestopfte Tresor von Madame Sultana fiel ihr in die
Hände, sondern das ganze Haus, Geschirr, Möbel und
Schmuck, Geld und Kleider, Betten und Vorhänge, ja sogar
Toiletten, Waschbecken, Fenster und Türen. Alles wurde
von den Soldaten herausgerissen und geraubt. Und der
Anführer der Truppe lehnte es ab, dem Gefängnisdirektor
auch nur einen Piaster zu geben. Dieser sah sich also in der
mißlichen Lage, Huren und ihre Freier beherbergen zu
müssen, während andere das Geschäft machten. Ehe die
Sache zum Skandal wurde, bot man ihm Nariman an, und
daraufhin lenkte er ein.

Ich sah in die Gesichter der Frauen, und auf einmal erschienen sie nicht mehr so häßlich wie zuvor. Sie teilten die
wenigen Zigaretten, die eine der Frauen gerettet hatte, zogen daran und schauten mit traurigen Augen ihre Umge-

bung an. Sie waren nicht mehr ängstlich. Sie hatten alles aufgegeben.

Der Rest ist schnell erzählt. Das einzige Bordell von Damaskus wurde geschlossen, und die Frommen feierten den Bürgermeister Hussni Bey für seine große moralische Tat. Die Frauen vom Erdgeschoß bot man den Soldaten. Der Gefängnisdirektor erhielt wie vereinbart Nariman, und die Offiziere teilten die Frauen vom ersten Stock unter sich auf. Einige der jüngeren Frauen vom Erdgeschoß fanden auch bei einsamen älteren Männern Aufnahme. Die übrigen – alte, kranke und heruntergekommene Huren – wurden auf die Straße gesetzt. Die fünf Männer, die in jener Nacht im Haus erwischt worden waren, waren im Gefängnis zwar nicht gern gesehen, wurden aber auch nicht verprügelt, wie es sonst damals Sitte war. Man ließ uns hungern. Wir bekamen nur jeden zweiten Tag ein Stück Brot mit einer Tasse Pfefferminztee. Nach etwa zwei Wochen entließ man uns in zerfetzten Kleidern. Sultana wurde später zu zehn Jahren Gefängnis verurteilt. Und was ist mit Nariman passiert? Die Trennung kam plötzlich. Wir konnten einander nur noch schnell die Hand drücken. Wir weinten bitter. Nariman drehte sich vor dem Gefängnistor ein letztesmal um und rief : »Milad!« Dann verschwand sie.

Als ich das Bordell nach meiner Entlassung aufsuchte, um nachzuschauen, was ich noch retten könnte, fand ich nur eine Ruine vor, in der bereits Ratten und streunende Hunde hausten.

Fast verhungert machte ich mich auf den Weg nach Malula.

»Welcher Teufel hat dich geritten?« tadelte mich die Fee, »du warst jeden Tag imstande, den Schatz zu bekommen, und hast statt dessen deine Zeit und Kraft vergeudet.«

»Laß das. Davon verstehst du nichts. Du bist ein Luftgeschöpf. Und nur wer Fleisch auf den Knochen hat, verspürt den Hunger nicht bloß im Magen«, erwiderte ich trotzig. Sie schwieg.

Dann sagte sie: »Mag wohl sein, Milad, aber ein bißchen Vernunft hätte dich gerettet.«

»Vernunft«, rief ich und lachte, »Vernunft ist wie die Puffmutter Sultana eine Herrscherin. Und die Liebe ist auch eine, und für beide gleichzeitig ist im Hirn kein Platz.« Sie nickte und lächelte stumm.

Siebte Nacht

Warum der Dorfälteste Pferdeäpfel essen mußte

In Malula herrschte der nackte Hunger. Ich konnte zwar da und dort ein Stück Brot erbetteln, so daß ich nicht verhungerte, aber satt werden konnte keiner in jener Zeit. Eines Nachts erschien mir meine Fee. »Milad«, sagte sie besorgt, »du mußt Malula verlassen, denn der gelbe Tod wird das Dorf heimsuchen.«

Zwei Tage später starben drei Leute an Cholera, am nächsten Morgen machte ich mich auf den Weg nach Damaskus. Gegen Mittag erreichte ich die kleine Stadt Kutaife. Ich stillte meinen Durst und ruhte kurz unter einer alten Ulme aus, als ich in der Nähe einen Wahrsager bemerkte. Die Leute scharten sich um ihn. Sie wollten wissen, was ihnen die Zukunft brächte. Ich war neugierig und schob mich bis zur ersten Reihe vor, um besser sehen zu können.

Der Mann saß auf einem aufklappbaren Schemel, vor ihm stand ein Brett aus Holz, in das viele kleine Quadrate eingebrannt waren. Er holte aus einem Samtbeutel zwei merkwürdige Würfel hervor, die nicht wie üblich sechs, sondern zwölf Bilder zeigten, dann griff er noch einmal in den Beutel und warf eine Menge kleiner Figuren aus Bronze auf das Brett. Es waren häßliche Gnome mit fratzenhaften Zügen. Er schaute sie nachdenklich an, legte einige an einen anderen Platz, andere in den Beutel zurück, schüttelte den Kopf und sprach leise zu den unsichtbaren Geistern. Er beschwichtigte sie, flehte sie an, ihm die Wahrheit zu sagen, und dankte dann höflich.

Ich habe sehr oft in meinem Leben Halunken erlebt, die Bauern um ein paar Eier, Tomaten oder Piaster prellten, indem sie ihnen eine paradiesische Zukunft ausmalten. All jene Gauner, die mit ein paar Kieselsteinen und verwitterten Muscheln herumwarfen, hatten keine Würde. Aber dieser Mann besaß sie. Er wirkte wie ein Priester und kümmerte sich kaum um die Reaktion der Leute, ja er schien sein Publikum sogar zu verachten, was die Leute nur noch mehr für ihn einnahm.

Sicher, auch er nahm zwischendurch Rücksicht auf die Wünsche seiner Zuhörer und schwärmte von den Schätzen, die die Zukunft für sie bereithielt, doch dann wieder mahnte und beschimpfte er sie, drohte und unterbrach manchmal wütend eine Weissagung und erklärte seinem erschrockenen Gegenüber: »Verschwinde hier, dein Gesicht paßt meinen Geistern nicht. Du bist ein Zweifler.« Von so einem Unglückseligen wollte er dann auch kein Geld.

Einige Frauen kauften Talismane, weil sie hofften, dadurch endlich Kinder zu kriegen. Andere wollten blaue Steine gegen den Neid und den bösen Blick. Ich sah die Frauen an und fragte mich, welcher blinde Esel ein solches Elend noch beneiden konnte. Selbst der böse Blick eines Teufels wäre vor Mitleid gütig geworden. Sie waren genau wie ich verdreckt, verhungert und von Ungeziefer wund und krank und sahen wie streunende Hunde aus. Zittrig nestelten sie ihre kostbaren Piaster aus den Taschen und wendeten sie nachdenklich hin und her, ehe sie das Geld schweren Herzens dem Meister gaben. So nannte sich dieser Kerl: Meister, und er bestand darauf, daß seine Bewunderer ihn auch so ansprachen. Er war groß und gut gekleidet. Ich beobachtete ihn lange. Als er müde wurde, vertrieb er barsch die Leute, die weiter herumstanden und ohne zu zahlen noch mehr über die Zukunft zu erfahren versuchten. Als er gerade auf seinem wunderschönen Rappen davonreiten wollte, krallte ich mich an seinem Sattel fest und flehte ihn an, mich zu seinem Gehilfen zu machen. Ich glaubte nicht an die gute Zeit, die er den armen Teufeln prophezeit hatte, sondern an seine List, durch die ich endlich einundzwanzig Tage lang satt zu werden hoffte. Er musterte mich lange. »Woher kommst du?« wollte er wissen.

»Aus Malula«, antwortete ich und war mir endlich ganz sicher, daß auch dieser Meister nur ein Gauner war, denn wie kann einer meine Zukunft sehen, wenn er nicht einmal weiß, woher ich komme.

»Ah, aus Malula«, sagte er mit einer merkwürdigen Achtung in der Stimme. Er stieg von seinem Rappen und sah mir in die Augen. Der Teufel soll mich holen, aber solche Augen hatte ich noch nie in meinem Leben gesehen. Sie waren klein und sprühten Feuer, daß mir ein Schauder über den Rücken lief, doch ich zwang mich, nicht wegzusehen. »Zeig mir deine Pfoten!« forderte er mich auf. Er prüfte lange die Furchen und Linien meiner Hände. »Hm, seltsam«, murmelte er, »du wirst lange leben. Das Glück wird in dein Herz hineinfließen wie ein Bach und wie ein reißender Fluß wieder aus ihm heraussprudeln.« Damals konnte ich mir das Lachen kaum verkneifen, heute weiß ich, wie dumm und unwissend ich war. »Ich könnte einen Gehilfen brauchen, doch du mußt mir absolut gehorchen, darfst nie Fragen stellen und nichts von dem verraten, was du bei mir siehst. Schwöre, daß du dich daran halten wirst«, befahl er.

»Ich schwöre bei allen Propheten«, verkündete ich. Das war aber dem gerissenen Kerl nicht genug. »Ihr seid in Malula Christen, nicht wahr?« sagte er und holte, ohne meine Antwort abzuwarten, eine Bibel aus seiner Satteltasche.

»Leg deine rechte Hand auf die Bibel und sprich mir nach«, sagte er, und ich fühlte eine eigenartige Angst in mir aufsteigen, und noch bevor ich die Bibel berührte, drückte eine kalte Hand auf mein Herz. Da hätte ich wegrennen sollen. Mein Vater hatte recht. »Solange du eine Entscheidung nicht getroffen hast, bist du ihr Herr, danach nur noch ihr Sklave«, hatte er immer zu meiner Mutter gesagt. Ich ignorierte die kalte Hand, entschied mich, der Gehilfe des Teufels zu werden, und sprach ihm nach: »Ich schwöre, meinem Meister zu gehorchen und ihn weder zu belügen noch zu verraten. Tue ich es doch, so gehört ihm als Sühne mein Leben.«

Ich sprach die Sätze, doch meine Stimme war mir fremd. Ich hörte sie wie aus der Ferne, und sie klang leblos.

»Hol dir einen Esel und folge mir«, weckte er mich. Esel gab es wie Sand am Meer. Die Bauern überließen sie ihrem Schicksal, wenn sie sie nicht mehr ernähren konnten. Die Tiere streunten wie Hunde am Rande der Stadt herum. Obwohl sie nur wenig zu fressen fanden, blieben sie in der Nähe der Hütten, weil sie dort vor den Wölfen und Hyänen sicherer waren als in der Wildnis der Berge oder der Steppe. Ich brauchte also nur mit einem dürren Strauch zu wedeln, schon trippelten mehrere Esel auf mich zu in der Hoffnung, etwas zu fressen zu ergattern. Ich wählte den stärksten unter ihnen aus und folgte mit ihm meinem neuen Dienstherrn.

Ein merkwürdiger Mensch war dieser Meister. Mehrere Tage lang zogen wir von Dorf zu Dorf und verkauften Talismane und blaue Steine. Unterwegs sammelte er immer wieder Kräuter, und nachts las er wie besessen in Büchern.

Wenn er las, tauchte er in eine andere Welt. Dann hörte und sah er nichts. Nicht einmal Hunger schien er zu verspüren. Und noch etwas fiel mir nach kurzer Zeit auf. Der Meister machte sich nichts aus Frauen. Viele lagen ihm zu Füßen, andere schmachteten ihn mit Blicken an, in denen ich die Gier tanzen sah. Er war von edler Gestalt, groß und verhältnismäßig dünn, aber von eiserner Kraft. Sein Gesicht war vielleicht nicht in dem Sinne schön wie die der geschniegelten Schauspieler heute, aber seine Augen waren zwei Flammenwerfer, und seine Nase war der Schnabel eines Adlers. Er zog die Frauen in seinen Bann und ließ sie zappeln wie frisch geschlachtete Hühner. Und immer wieder löschten sie das Feuer ihres Verlangens bei mir, weil ich angeblich etwas von seiner Zauberkraft reflektierte. »Du bist sein Mond«, sagte mir eine junge Bäuerin, die ich des Nachts unter einem Walnußbaum liebte. Wir lachten uns krumm, weil sie mich während des Liebesspiels immer Meister rief, während ich sie ungewollt mehrmals Nariman nannte.

»Warum faßt du keine Frau an?« fragte ich eines Nachmittags meinen Meister, als er wieder die Einladung einer jungen Witwe ausgeschlagen hatte. Ich fühlte, wie die Erinnerung an Edgar, den Franzosen, dieser Frage den Weg geebnet hatte, so daß sie trotz ihrer Unverschämtheit auf meine Zunge gelangt war.

»Du kannst nicht zwei Göttern folgen, dem Gott der Liebe und dem des geheimen Wissens. Ich habe mein Herz und Geschlecht weggegeben und bekam dafür die Herrschaft über zwei Dämonen, den des Lichts und den der Dunkelheit«, erwiderte er mit unbewegtem Gesicht.

»Aber du könntest dich verführen lassen und dem Teufel sagen, daß du von den Frauen überwältigt wurdest und Herz und Geschlecht unfreiwillig erfrischt hast.«

Er lachte bitter. »An dem Tag, an dem ich für die Liebe

meinen Schwur verrate, bin ich ein toter Mann«, sagte er pathetisch.

Man mochte den Meister für geizig halten, doch er war es nicht. Er gab nur sein ganzes Geld für Bücher, Salze und seltsame Töpfe aus, die er in den Städten anfertigen ließ. Dafür hungerten wir. Und bald hatten wir einen kräftigen Maulesel mit all den Dingen vollgepackt.

»Meister, wenn du weiter solche sperrigen Sachen kaufst, brauchen wir ein Kamel«, scherzte ich, und auch er lachte. Ich kümmerte mich um seine Sachen, kochte, wenn es etwas zu essen gab, und pflegte nicht nur Esel und Maulesel, sondern auch sein Pferd, das mir schon nach kurzer Zeit wie ein Hund folgte.

Abend für Abend nähte ich kleine Stofftüten, in die er Papierrollen steckte, die Kinder hervorzaubern, Neid abwehren und Tuberkulose und Cholera fernhalten sollten. Nach einer Woche, in der ich nur zwei Tage genügend zu essen bekommen hatte, sagte er eines Nachts am Lagerfeuer zu mir: »Du bist tüchtig und redest nicht viel. Das gefällt mir. Ab heute darfst du die Seiten aus diesem Buch reißen, sie einrollen und in die Stofftüten einnähen.« Was für ein Buch das war, wußte ich nicht. Ich habe erst viel später lesen gelernt. Nach ein paar Tagen war nur noch der Einband übrig. »Was soll ich jetzt nehmen?« fragte ich, da der Hunger der Bauern andauerte und die Talismane sehr gefragt waren.

»Nimm irgendwas. Die Zeitung aus meiner Satteltasche wirkt genauso. In der nächsten Stadt besorgen wir uns Nachschub«, sagte er und versank wieder in seinem Buch.

Eines Morgens erreichten wir Halbun, ein Dorf nördlich von Damaskus, und es verging keine Stunde, bis mein Herr, dieser Teufelsschatten auf Erden, eine Einladung vom Bürgermeister erhielt.

Ich wunderte mich über die Verehrung, mit der der Bürgermeister meinen Brotgeber empfing. Die Haushälterin, eine kugelrunde Frau, die der Puffmutter Sultana hätte das Wasser reichen können, verriet mir flüsternd den Grund: Der Meister sei vor einem Jahr schon mal dagewesen und hätte den Mord an der schönen Tochter des Bürgermeisters aufgedeckt. »Und das mit einer einzigen Tasse Öl«, sprach die beleibte Frau, und fast versagte ihr dabei vor Ehrfurcht die Stimme. »Ein Junge mußte ihm zur Hand gehen und in die Tasse blicken, und er sah genau, wo und wie die junge Frau umgebracht worden war. Und dann suchte das Kind verzweifelt nach dem Gesicht des Mörders, doch die Gestalt, die der Junge im Öl sah, drehte ihm beharrlich den Rücken zu. Drei Stunden lang mühte er sich ab, und der Meister fragte ihn nach Aussehen, Gang, Größe und äußerlichen Merkmalen des Mörders. Der Junge zögerte erst und antwortete dann, und schließlich erkannten die Anwesenden in der beschriebenen Gestalt einen jungen Nachbarn, der einsam lebte und nicht selten Frauen belästigte. Am nächsten Morgen wurde die Leiche des Beschuldigten in einer Schlucht gefunden. Man erzählte, er habe sich umgebracht, genau wie es der Meister vorausgesagt hatte.«

Wir aßen gerade festlich beim Bürgermeister zu Mittag, als der älteste Sohn eines reichen Schäfers zu uns gerannt kam: Sein Bruder sei seit einer Woche vom Teufel besessen. Und er fragte den Meister, ob er auch Teufel austreiben könne.

»Es kommt darauf an«, antwortete der Meister, »ich kann nur Dämonen austreiben, die aus Bosheit in die Menschen dringen. Wenn sie aus Verliebtheit in ihren Auserwählten wohnen, lassen sie sich durch keine Macht vertreiben. Sie sterben zusammen mit dem Opfer. Deshalb lasse ich von solch einem Fall lieber die Finger. Du hast sicher auch lieber einen besessenen als einen toten Bruder«, und er lachte so dämonisch, daß der Bittsteller zusammenzuckte. Kurz darauf verabschiedete mein Brotgeber sich vom Bürgermeister, und wir gingen zu dem Schäfer. Dort war die ganze Familie versammelt, doch nur zwei Brüder des Besessenen und ich sollten der Austreibung beiwohnen. Die anderen durften im Nebenraum sitzen und mithören. Der Meister ließ uns zunächst eine Weile allein und ging in den Stall, wo sein Pferd stand. Ich schaute ihm durch das Fenster nach, und da die anderen zwei mit ihrem armen Bruder beschäftigt waren, sah außer mir niemand, wie der Meister auf dem Rückweg den Hühnern im Hof kleine Körner zuwarf, die sie gierig aufpickten.

Der Besessene jammerte und zuckte. Sein Gesicht zeigte abwechselnd zornige und traurige Züge, erschlaffte zwischendurch und wirkte dann einfach nur noch schwachsinnig.

Als der Meister zurückkam, befahl er dem Kranken, sich auf den Boden zu legen, und verlangte nach einem frisch geschnittenen Zweig von einem Mandelbaum. Innerhalb von Minuten hatte man den Zweig besorgt, ebenso eine kleine kupferne Schale mit Glut, auf die der Meister ein wenig Weihrauch gab. Dann las er laut aus seinem Buch vor, doch keiner von uns verstand nur ein Wort. Endlich wandte er sich dem liegenden Mann zu und sprach ihn an:

»Bist du männlich oder weiblich?« fragte er.

»Männlich«, antwortete eine gräßliche Stimme. Das war nicht mehr die rauhe, tiefe Stimme, die ich noch eine Minute zuvor gehört hatte, sondern eine hohe, krächzende, die von Angst erfüllt schien.

»Und warum bist du in diesen jungen Mann gefahren?« fragte der Meister zornig und schlug mit dem Mandelzweig auf den Liegenden ein, der vor Schmerz zuckte.

»Weil meine Schwester es mir befohlen hat. Sie ist meine Herrin und möchte ihn zu ihrem Sklaven machen. Ich sollte ihn für sie holen.«

»Ich verfluche dich«, rief der Meister und las eine Weile aus dem Buch vor.

»Hab Erbarmen mit mir. Ich kann nichts dafür«, hörten wir alle. Der Meister schlug dreimal mit dem Zweig zu. »Spürst du das? Morgens und abends werde ich dich dreihundertmal schlagen, wenn du nicht sofort herauskommst.«

»Wo soll ich hinaus? Aus seinen Augen oder Ohren?«

»Nein, er darf weder geblendet noch taub werden. Du sollst aus seiner rechten großen Zehe hinaus und in die Hühner hineinfahren. Dort darfst du deinen Zorn austoben, bevor du in die Hölle zu deiner Schwester zurückkehrst. Hast du verstanden?

»Ja, Meister!« kam es mit einer Stimme, die gar nicht mehr gräßlich, sondern nur noch erbärmlich klang. Der Meister warf eine Decke über den kranken Mann und wickelte ihn von Kopf bis Fuß darin ein.

»Wenn der Teufel ihn verläßt, muß er völlig im Dunkeln sein«, erklärte der Meister den zwei Brüdern und schlug ihm die Decke um die Füße.

Bald darauf fingen die Hühner im Hof an fürchterlich zu gackern. Ich lief mit den zwei Brüdern zum Fenster. Die Verwandten waren bereits auf dem Hof und erstarrten wie wir beim Anblick der Hühner, die verrückt geworden zu sein schienen, herumtanzten, im Kreis rannten, flatterten und aufeinander einhackten. Eine Henne bestieg den Hahn und wackelte auf seinem Rücken herum, als würde sie ihn begatten. Eine andere setzte sich auf den Hintern und ließ Blut statt Kot.

Bald lagen alle Hühner tot im Hof.

Wir kehrten zu dem Kranken zurück. Er lag regungslos da, eingehüllt in seine Decke, und ein Blutfleck breitete sich auf dem Boden unter seinen Füßen aus. Die Brüder schauten den Meister besorgt an. Er lächelte. »Keine Angst.

Es ist nur eine kleine Wunde in seiner Zehe, da wo der Teufel herauskam. In ein paar Tagen ist sie verheilt.«

Der Meister versorgte den jungen Mann, der verschwitzt und erschöpft war. Man verband ihm die Zehe und legte ihn ins Bett.

Der Meister erhielt eine große Belohnung, noch am selben Tag reisten wir weiter Richtung Damaskus.

Je näher wir der Hauptstadt kamen, desto geiziger wurde der Meister. Er wollte alles sparen. »Ein paar Fastentage reinigen unsere Seele. Ich brauche das Geld für edlere Zwecke als für unseren Fraß«, erklärte er. Ich verfluchte seine Seele, sah aber keinen Ausweg. Denn nicht nur Hunger und Dürre plagten das Land, auch eine Choleraepidemie raffte die geschwächten Menschen dahin. Überall lagen Tote, doch der Meister schien davon unbeeindruckt. Er hatte ein geheimes Mittel gegen die Cholera, ein bitter und säuerlich schmeckendes Salz. Er gab auch mir davon und befahl mir streng, dreimal am Tag die Hände zu waschen und keinem Menschen mehr nahe zu kommen. »Wenn du einem einzigen die Hand gibst, jage ich dich davon. Dann kannst du allein verrecken«, drohte er. Es ging um Leben und Tod, also mied ich den gewöhnlichen Händedruck und schluckte das scheußliche Salz, das er selber zusammengemischt hatte.

In Kabun – heute ein Vorort von Damaskus, damals aber ein Dorf – traf ich den blinden Sänger aus dem Bordell. Er trug jetzt einen Bart und bettelte vor der Moschee. Ich ging auf ihn zu und begrüßte ihn. Er lächelte, als er meine Stimme erkannte. Auch er hungerte, denn keiner wollte ihm für seinen Gesang etwas geben. Die Leute hatten andere Sorgen. Er hatte an jenem Tag fürchterliche Bauchschmerzen und zitterte um sein Leben, und tatsächlich, noch bevor ich eine Woche später mit dem Meister Kabun verließ, war der arme Sänger an der Cholera gestorben.

Und ich war froh darüber, daß ich den Sänger nicht umarmt hatte, wonach mir durchaus gewesen war.

Als wir Damaskus erreichten, gab der Meister das ganze gesparte Geld aus. Er kaufte Kupfer, Schwefel, Quecksilber, eine große Menge Essig, die verschiedensten Salze und Teufelskräuter, deren Namen ich längst vergessen habe. Esel und Maulesel waren nun wieder schwer beladen, und er hatte keinen Piaster mehr, aber noch viele Geräte beim Glasbläser bestellt. Was jetzt folgte, verschlug mir die Sprache. Er ging zu dem Glasbläser, und der freute sich sehr, nicht nur, weil der Meister seine vielen Sachen abholen wollte, was dem Mann eine Menge Geld einbringen sollte, sondern auch, weil er den Meister sehr mochte und verehrte. Bei unserer Ankunft war es schon spät, und so lud der Glasbläser meinen Herrn zu sich ein. Während die beiden speisten und sich unterhielten, durfte ich mit den zwei Kindern und der Gattin in der Küche essen. Die Frau hatte himmlisch gekocht. Es war spät, als ich ins Bett ging, doch ich hörte noch einmal, wie der Glasbläser lauthals lachte. Dann schlief ich ein.

Ich erwachte von schrecklichem Geschrei, rannte aufgeschreckt aus meiner Kammer und traf auf einen verzweifelt schluchzenden Glasbläser. Seine Frau sei plötzlich in Ohnmacht gefallen, stammelte er. Es war schon weit nach Mitternacht. Der Meister kam im Schlafrock aus seinem Zimmer und eilte mit dem Gastgeber in dessen Schlafgemach, während ich mich um die verängstigten Kinder kümmerte. Der Meister beruhigte den Ehemann und befahl mir, eine braune Flasche aus seiner Satteltasche zu holen. Dabei lächelte er mich seltsam an, und ich sah den Teufel in seinem Gesicht. Als ich mit der besagten Flasche zurückkam, stöhnte die Frau gerade auf. Ihr Mann kniete vor ihr und flehte sie an aufzuwachen. Es war so herzzerreißend, daß ich an meine Mutter denken mußte. Ich be-

142

gann zu weinen und begriff in dieser Sekunde, daß die Trauer um andere immer eine Trauer über unsere eigenen Verluste ist.

Der Meister schickte uns hinaus, und es dauerte keine Stunde, bis die Frau selber gesund und munter herauskam, gefolgt von dem still in sich hineinlächelnden Meister. Der Glasbläser küßte ihm die Hand. Am nächsten Morgen überreichte er ihm alle Geräte kostenlos. Ich konnte mein Unbehagen nicht mehr unterdrücken, doch als ich den Meister fragte, was der Frau gefehlt hatte, lachte er nur und antwortete nicht.

Nun brach für mich eine elende Zeit an. Der Meister hatte südlich von Damaskus ein Versteck, ein verfallenes Haus, das von wildwachsenden Pflanzen überwuchert war. Nur zwei Räume waren in dieser heruntergekommenen Hütte bewohnbar.

Schon in der ersten Nacht grauste es mir. Mir elendem Hund hätte etwas auffallen müssen, aber ich bin manchmal langsamer als mein Vater. Bei unserer Ankunft bestand der Meister nämlich darauf, das Essen selbst zuzubereiten. Ich ahnte nichts, fand es nur seltsam, weil er während der ganzen Reise das Kochen mir überlassen hatte. Beim Essen redete er wirres Zeug über geheime Botschaften, die er in einem Buch gefunden hatte und nun entschlüsseln wollte. Ich verstand so gut wie nichts, außer daß sein Meister Gaber Ben Haijan hieß und vor langer Zeit gestorben war. Während er so phantasierte, kamen Ratten aus dem Garten ins Haus, weil sie Nahrung witterten. Der Meister drehte sich kurz zu ihnen um und rief: »Nicht jetzt, ihr seht doch, ich bin beschäftigt!« Die Ratten, Gott ist mein Zeuge, erstarrten für einen Augenblick und zogen sich dann rücklings in den Garten zurück. Und als ob nichts passiert wäre, fragte der Teufel mich, wo er eben in seinen Ausführungen stehengeblieben sei. Vor Entsetzen brachte ich keinen Ton über die Lippen. Bald darauf bekam er unnatürlich geweitete Augen wie ein Wahnsinniger und fing an, vom Tod zu reden. Ich nahm mir vor, so bald wie möglich zu verschwinden; ich wußte nicht, daß er mich längst wie einen Hund an sich gekettet hatte. In dieser Nacht ging er lange auf und ab und ereiferte sich in fremden Sprachen, die ich nicht verstand. Mir klapperten die Zähne vor Angst. Meine Füße wurden schwer wie Blei, und es wurde mir schwindelig. Ich legte mich hin, doch bevor mir die Augen zufielen, beschwor ich die heilige Takla, mir am nächsten Morgen zur Flucht zu verhelfen. Doch wieder einmal kam es anders.

Als ich aufwachte, stank das ganze Haus nach faulen Eiern. Der Meister schlief noch auf einem alten Sofa. Ich lag auf einem Strohsack neben der Tür. Als ich leise die Tür öffnete, blendete mich das Licht so stark, daß ich kaum etwas sehen konnte. Ich war entschlossen zu fliehen, doch nach drei Schritten war ich blind. Ich stolperte und fiel zu Boden. Dann hörte ich sein Lachen über mir und schrie um Hilfe. Er aber führte mich sanft an der Hand ins Haus, und als ich eintrat, kehrte mein Augenlicht wieder. Deshalb war er so versessen gewesen, das Essen selbst zu bereiten: Er hatte mir heimlich ein teuflisches Mittel hineingetan. »Hast du nicht geschworen, mich nicht zu verraten? Flucht ist Verrat! Du kannst mir nicht mehr entkommen, mein Junge. Du bist mein Lehrling, dein Leben gehört mir«, lachte er und führte mich in das andere Zimmer. Das war der erste Schritt in die Hölle. Ich weiß ja nicht, wie die richtige Hölle aussieht, aber wenn ich dort lande, werden sich die Teufel über meine Gleichgültigkeit zu Tode ärgern, denn schrecklicher als bei meinem Meister kann es an keinem Ort mehr sein. Kannst du dir vorstellen, den ganzen Tag mit leerem Magen beißende Dämpfe im Hals zu spüren und steinharte Salze zu Pulver zu zerstoßen? »Feiner! Feiner!«

rief mein Herr andauernd und kippte mir das ganze Zeug wieder in den Mörser hinein. War ich damit fertig, mußte ich den Ofen bedienen, in dem er Metalle zum Schmelzen brachte. Dabei schrie er mich die ganze Zeit an: »Schläfst du schon wieder? Wir müssen noch im Zeichen des Widders fertig werden.«

Er hantierte wie besessen, bis er seine geheime Mischung in einen Kolben gefüllt hatte, den er dann sorgfältig verschloß und in einen kleineren Ofen steckte, der mit einer winzigen Flamme warm gehalten wurde. Ich mußte nach genauer Anweisung des Meisters übelriechende Flüssigkeiten in Kesseln und Kolben rühren, kochen, mit Salzen versetzen, sieben und umfüllen. Tage vergingen. Meine Nase blutete, doch der Meister wollte mich nicht ruhen lassen. Er arbeitete wie ein Stier und machte sich Sorgen um den kleinen Ofen wie eine Glucke um ihr Ei. Er blieb vor ihm stehen, streichelte ihn und flehte mit erhobenen Händen um den Beistand finsterer Mächte.

Wie lange das dauerte, weiß ich heute nicht mehr. Schließlich holte er das Gefäß aus dem Ofen und brach seine Spitze ab. Ich wäre vor Schreck fast gestorben. Ein gleißendes Licht ergoß sich aus der Öffnung, als hätte der Meister die Sonne in dem Gefäß gefangen. Er trat zurück und kniete nieder, bis das Licht schwächer wurde, dann stand er auf und gab eine Prise von einem gelblichen Salz dazu. Plötzlich stieg Rauch empor und hüllte uns ein. Meine Augen brannten. Ich flüchtete in das andere Zimmer, doch es half nichts. Ich hustete stark und mußte mich erbrechen. Der verfluchte Teufel dagegen blieb eine ganze Weile dort drinnen, als ob der Höllenqualm ihm nichts anhaben könnte. Nach einer Ewigkeit kam er niedergeschlagen heraus und beschimpfte meinen schlechten Stern. Er wollte weder essen noch trinken. Das einzige Stück Brot, das wir noch hatten, durfte ich allein verschlingen. »Iß nur, du kannst es gebrauchen. Ich bin ein toter Mann«, sagte er, und merkwürdigerweise hatte ich auf einmal fast Mitleid mit ihm.

Wenn ich dir ganz genau erzählen wollte, wie mich der Mann gepeinigt hat, würden wir Jahre hier sitzen. Und selbst dann könntest du es dir nicht wirklich vorstellen. Die Qual ist immer ein Konzentrat, das sich beim Erzählen verdünnt. Mal war ich dafür verantwortlich, daß sein kleiner Ofen explodierte, mal beschimpfte er mein häßliches Gesicht, das ihm Pech statt Gold gebracht hätte. Als ich ihn anschrie, dann solle er doch meine Augen heilen und mich laufenlassen, lachte er nur. Er erlaubte mir nicht einmal, in den Stall zu gehen. Statt dessen kümmerte er sich selber um sein Pferd. Esel und Maulesel hatten wir schon am Tag unserer Ankunft vertrieben.

Immer wieder suchte ich einen Weg aus der Hütte, doch jedesmal wurden meine Augen an der Türschwelle geblendet. Einmal versuchte ich es in der Nacht, aber selbst da verirrte ich mich blind in dem verwilderten Garten. Diesmal lachte er jedoch nicht über mich, sondern erklärte mir, daß es bald vorbei sei, und holte mir etwas zu essen. Ich weiß nicht, ob er Mitleid mit meinem erbärmlichen Zustand hatte oder nur meine Hilfe brauchte. Ich mußte täglich bis zur Erschöpfung arbeiten.

Eines Tages, als er einkaufen gegangen war, stürzte ich mich auf das Buch, das er immer wieder zur Hand nahm. Ich hoffte, darin ein Gegengift für meine Augen zu finden, obwohl ich nicht lesen konnte. Ich fand Bilder, Kreise und Quadrate, in denen Mond und Sonne zu sehen waren, Schlangen, die sich in den eigenen Schwanz bissen, auch an einen Ofen kann ich mich erinnern, doch verstanden habe ich nichts. Und dann segelte plötzlich eine Feder aus dem Buch. Ich hob sie auf und steckte sie wieder hinein, doch als der Meister zurückkam, wußte er, daß ich das Buch in der

Hand gehabt hatte, und er schlug so lange mit einem Stock auf meine rechte Hand, bis ich in Ohnmacht fiel. Zwei krumme Finger habe ich als Andenken an jenen Tag zurückbehalten. Er ließ mich tagelang ohne Essen, bis mir schwarz vor Augen wurde. Nach einer Ewigkeit erweichte sein Herz, und er ließ mich wieder essen. Ich aber schwor bei der heiligen Takla, daß ich es ihm heimzahlen würde, und wenn ich dabei sterben sollte. Bei Gott, bis dahin hatte ich nicht gerade die barmherzigsten Menschen getroffen, doch er war der einzige in meinem Leben, der mich kaltblütig brechen wollte. Von jenem Schwur an war ich aber nicht länger Gefangener in seinen Ketten, denn ich brannte darauf, ihn ebenfalls am Boden zu sehen. Der Schatz von Malula war mir in dieser Zeit gleichgültig. Ich wartete geduldig auf eine Gelegenheit.

Als das Sternzeichen der Zwillinge dem Meister genausowenig Glück brachte wie das des Widders oder des Stiers, verfluchte er den Himmel. Obwohl er behauptet hatte, daß diese drei Sternzeichen die günstigsten seien, wollte er auch nach ihrer Zeit nicht aufgeben und wurde von Tag zu Tag grausamer. Ich konnte die Jahreszeiten nur noch an den Sternzeichen erkennen, von denen der Meister sprach, denn die Welt außerhalb der Hütte war für mich bloß eine einzige weiße Scheibe. Als die Zeit des Schützen zu Ende war, hatte der Meister alle Metalle, Salze, Kräuter und Essenzen verbraucht. Es war ihm klar, daß er die Hütte verlassen mußte. Er gab mir ein Gegenmittel für meine Augen und sagte: »Jetzt kannst du gehen, wenn du willst.« Aber der Teufel sollte mich holen, wenn ich ihm diese Schmach verzeihen würde. Ich tat nur so, als hätte ich sie vergessen, und blieb erst einmal bei ihm. Gemeinsam brachen wir auf, und in einem Feld nahe Damaskus fand ich einen Esel. Wir klapperten die Dörfer ab und verkauften wieder seine Talismane und blauen Steine. Die Monate in der Hölle hatten

auch ihn um Jahre altern lassen, sogar seine einst blau-
schimmernden schwarzen Haare waren plötzlich grau geworden. Seine Haut war nicht mehr glatt, sondern rauh und
faltig. Er wirkte wie ein gebrochener Mann. Doch Haß erfüllte mein Herz, und ich spürte kein Mitgefühl. Ich wartete geduldig. Die Tage vergingen wie im Flug, und schon
nach kurzer Zeit lebte er wieder auf, denn sein Geldbeutel
wurde praller, und er träumte bereits von einem zweiten
Versuch, seinem Meister Gaber Ben Haijan auf die Schliche
zu kommen. Er war nicht mehr geizig, sondern ließ mich
von seinem Teller essen und behandelte mich gut. Ich war
schon über zehn Tage satt geworden, als wir mitten im
Winter ein Dorf namens Arnah im Hermon-Gebirge erreichten. Da erblickte der Meister die Tochter des Dorfältesten. Sie hieß Basma, war jung und von einer derben Schönheit, die auch ohne Worte Wollust entfacht. Und mit einem
Schlag schien seine gewohnte Abwehr gegen Frauen durch-
brochen. Er las ihr die Zukunft aus der Hand, und sie freute
sich über seine Worte. Als er aber selbstherrlich andeutete,
daß er sich vorstellen könne, sie zur Frau zu nehmen, lachte
sie über ihn. »Da könnte ich ja gleich meinen Großvater
heiraten. Hast du mir nicht gerade vorhergesagt, daß ich
einen prächtigen Mann treffen werde, der mir Glück
schenken wird? Glück hast du gesagt, nicht Langweile«,
spottete sie, warf ihm einen Piaster zu und eilte kichernd
davon. Ihr Gang glich dem einer Gazelle. Sie berührte den
Boden kaum mit den Füßen, und ihre tanzenden Hüften
winkten den Gaffern zu, als wollten sie sich von ihnen verabschieden. Der Meister konnte den Blick nicht von ihr
wenden, und ich wußte, daß meine Stunde nahte. An diesem Tag ließ ich seinen edlen Rappen an der Quelle des
Dorfs eine junge Stute besteigen. Ihr Besitzer war überglücklich und erzählte es den andern Bauern, und wenn ich
nun in den nächsten Tagen den Rappen zur Tränke führte,

wartete immer ein anderer auf mich, der das Tier unbedingt als Deckhengst haben wollte. So konnte ich für diesen
Dienst zuerst einen Piaster und mit der Zeit immer mehr
Geld verlangen. Die Bauern schworen, mich nicht zu verraten, und der Meister merkte nichts. Tag für Tag wanderte
Basma, die Schönheit des Dorfes, kichernd an uns vorbei und
ließ ihn leiden. Ich glaube, daß sie in seiner Nähe besonders
mit dem Hintern wackelte. Nach einer Woche schickte er
ihrem Vater Nachricht, daß er ihn in einer wichtigen Angelegenheit besuchen wolle, und der Dorfälteste lud ihn für
den darauffolgenden Freitag zum Essen ein. In derselben
Nacht befahl mir der Meister, bei seinen Sachen Wache zu
halten, bis er wiederkäme, und verschwand in der Dunkelheit. Erst im Morgengrauen kehrte er zurück, lächelte und
schlief sofort ein. Und obwohl ich vor Müdigkeit fast tot war,
konnte ich lange nicht einschlafen.

Am nächsten Tag sprach das ganze Dorf von der plötz-
lichen Erkrankung der schönen Basma. Der Friseur des
Dorfes war Sterndeuter und Heiler zugleich. Er wurde von
den Eltern der kranken Basma herbeigerufen, doch er
konnte ihr nicht helfen. Und der Meister lächelte so teuf-
lisch wie damals beim Glasbläser. Ein Bauer, der mich gut
leiden konnte, brachte mich zu einer Hebamme, die sich in
der Schwarzen Kunst auskannte. Ich erzählte ihr, daß der
Meister die Tochter des Dorfältesten krank gemacht hatte,
und bat sie, ein Gegengift zu geben. Sie verfluchte den Meister, der ihr ins Gehege gekommen war. »Seit er da ist, will
keiner auch nur einen einzigen Talisman bei mir kaufen.«
Am Freitag morgen kam sie zum Dorfältesten und verab-
reichte seiner Tochter die heilende Medizin. Doch als sie
den Fremden beschuldigte, die Tochter vergiftet zu haben, lachte der Dorfälteste. Er hielt die harten Worte der
Hebamme und Zauberin für einen Ausbruch des Neids unter Konkurrenten. Beschwichtigend belohnte er sie und

schickte sie dann nach Hause. Der Meister erfuhr vom Besuch seiner Rivalin nichts.

Am Mittag brachte ich den Rappen wieder zur Tränke und ließ ihn drei Stuten besteigen. Er war danach so entkräftet, daß er wacklig auf den Beinen hinter mir hertrottete. Am frühen Abend legte der Meister zur Feier des Tages ein neues Gewand an, übergoß sich mit Rosenwasser und ließ mich neben seinem Rappen hergehen. Er bemerkte bald die Schwäche seines edlen Tiers und fragte mich giftig, ob ich den Hafer verkaufte und dafür das Pferd hungern ließe.

»Nein, Herr«, erwiderte ich, »ich esse selbst den Hafer und springe jede Stute an.« Er lachte.

Ich hatte vor Aufregung tagelang kaum an Essen gedacht. Ich wußte in meinem Herzen, daß jetzt die Stunde der Rache gekommen war.

Der Dorfälteste hatte alle wichtigen Männer zum Essen eingeladen, zu Ehren seines Gastes oder vielleicht auch zur Unterhaltung seiner Leute in diesem entlegenen Dorf. Wie dem auch sei, das Haus war jedenfalls voll. Ich durfte draußen mit den Bediensteten, Frauen und Kindern die Reste verzehren, die die erlesene Runde übrigließ. Doch das Essen interessierte mich kaum. Ich klebte die ganze Zeit am Fenster und beobachtete das Geschehen in dem großen, überfüllten Salon. Da die Männer viel rauchten, hatte der Hausherr das Fenster einen Spalt öffnen lassen, so daß ich ohne Anstrengung jedes Wort verstehen konnte. Es war Winter, und die Kälte drang bis tief in die Knochen, aber ich kümmerte mich nicht darum. Meine Blicke verfolgten den Meister, der unruhig auf seinem Sitz herumrutschte. Nachdem die Versammlung gegessen hatte, ließ der Dorfälteste Kaffee auftragen, doch noch bevor mein Herr einen Schluck trinken konnte, fragte ihn der Gastgeber nach der wichtigen Angelegenheit, derentwegen er ihn aufgesucht habe. Der Meister stotterte verlegen herum und erkundigte sich dann nach dem Befinden der Tochter. Der Dorfälteste schaute ihn erstaunt an. »Gott sei Dank ist sie wieder lebendig wie eine Gazelle.« Das Gesicht des Meisters verfinsterte sich, und mir wurde so warm ums Herz, daß ich die Kälte nicht mehr spürte.

»Oder haben dir die Sterne vorausgesagt, daß die Hebamme dich beschuldigt hat?« scherzte der Gastgeber.

Der Meister druckste herum und erklärte dem Dorfältesten dann umständlich, daß er um die Hand seiner Tochter anhalten wolle. Da lachte ihr Vater laut.

»Du bist mir als Gast jederzeit willkommen. Das ist eine Sitte, zu der uns unsere Vorfahren verpflichtet haben. Aber meine Tochter soll den besten aller Männer bekommen. Sie ist eine edle Stute und braucht einen würdigen Hengst. Du bist ein alter Ziegenbock wie ich, dessen Männlichkeit nur noch eine Erinnerung ist. Was kannst du denn schon, außer Talismane verscherbeln?« dröhnte der Alte und schlug dem Meister auf den Rücken. Bei der Seele meiner Mutter, für das gekränkte Gesicht des Meisters hätte ich die ganze Welt umarmen können.

»Ich kann deiner Tochter eine Menge bieten. Sie würde in Damaskus auf Straußenfedern schlafen und nur die erlesensten Früchte genießen«, erwiderte der Meister würdevoll.

»Gib nicht so an! Meine Tochter wird einen kräftigen Bauern heiraten. Bauern pflanzen und ackern, um dem Boden seine Früchte zu entreißen. Vom verweichlichten Leben der Städter halten sie nichts«, brüllte der Dorfälteste und äffte den Meister lachend nach: »Straußenfedern und erlesene Früchte.«

»Was ich dir sage, ist nicht zum Lachen. Wünsche dir irgendeine Frucht, und ich bringe sie dir! Wer von deinen Bauern kann das schon, mitten im Winter?« forderte der Teufelskerl den alten Mann heraus.

»Nun wird der Abend doch noch heiter«, rief einer der Gäste. »Ich möchte Pfirsiche, wenn es deine Kunst erlaubt!« Dabei schüttelte er sich vor Lachen.

»Und ich will einen Apfel.«

»Ich hätte lieber Trauben und Feigen.«

»Ach was, Birnen will ich jetzt essen!«

»Eine Banane wäre mir am liebsten«, riefen die Männer durcheinander. Der Meister stand auf und schaute den Dorfältesten an. »Und was möchtest du zum Nachtisch?« fragte er zornig. »Ich? Ich will auch eine Banane.«

»In fünf Minuten bin ich zurück«, rief der Meister und stürzte in den Stall. Ich drückte mich schnell hinter einen Holzstoß, damit er mich nicht entdeckte. Kurz darauf sah man ein bläuliches Licht aufflackern, dann kam der Meister mit einer großen Schale wieder heraus, auf der ein Berg von Früchten lag, und ging zurück ins Zimmer. Die Männer erstarrten. Ihre Münder standen vor Gier und Staunen offen. Da waren frische Feigen, Bananen, Äpfel und Birnen, Trauben und Pfirsiche.

»Woher hast du sie so schnell geholt?« fragte der Dorfälteste mit rauher Kehle.

»Aus der Satteltasche. Koste mal!« rief der Meister.

»Sind sie echt oder verzaubert?« erkundigte sich ein Bauer.

»Was seid ihr auf einmal feige! Es sind echte aus meinem Garten. Probiert sie!« forderte er die Anwesenden auf. Sie griffen zu, kosteten und staunten.

»Die Banane schmeckt köstlich, doch meine Tochter gebe ich trotzdem nur einem Bauern zur Frau. Du bist ein Städter und noch dazu viel zu alt für meine kleine Gazelle!« trumpfte der Dorfälteste auf und griff nach einer zweiten Banane.

»Dann habe ich hier nichts mehr verloren!« rief der Meister zornig und eilte hinaus. Ehe die Leute sich versahen, saß er auf seinem Rappen und ritt in die Dunkelheit davon. Und in diesem Augenblick verwandelten sich die Früchte in den Händen der Männer in Pferdeäpfel. Zornig und angeekelt spuckten sie aus und fluchten. Der Dorfälteste rief seinen zwei Söhnen zu:»Holt ihn zurück, oder ihr seid nicht mehr meine Söhne!«

Die beiden holten rasch ihre Pferde, galoppierten dem Meister hinterher und holten ihn auch bald ein, denn sein Rappe war immer noch entkräftet. Sie schleiften ihn hinter ihren Pferden her zurück und brachten ihn in den großen Hof des Dorfältesten. Er bettelte nicht um Gnade, wie ich erwartet hatte, sondern schleuderte Flüche gegen die Bauern.

»Das ist für die Verletzung unserer Ehre!« schrie der Dorfälteste und stach als erster zu, dann folgten die anderen Männer. Keiner, nicht einmal der Polizeivorsteher, ersparte dem Elenden einen Stich seines Dolches.

Plötzlich aber schrie einer:»Sein Gehilfe! Wo ist sein Gehilfe? Faßt ihn, den räudigen Hund, er darf nicht entkommen!« Mir gerann das Blut in den Adern. Mit einem Satz sprang ich in den Garten und verschwand in der Dunkelheit. Ich rannte die ganze Nacht, und bei jedem Geräusch wähnte ich mich verloren. Fünfzehn Tage irrte ich über Berge und durch Täler, bis ich den Heimweg nach Malula fand.

Achte Nacht

Wie Milad die Frucht seiner Geduld genoß

Als ich auf dem Weg nach Malula die kleine Stadt Jabrud erreichte, wo ich einst bei dem frommen Geizhals gearbeitet hatte, traf ich einen alten Bettler, den ich von früher kannte. Er saß vor einer großen neuen Moschee.

»Wer hat diese prachtvolle Moschee gebaut?« fragte ich.

»Dein frommer Herr, der Geizkragen«, erwiderte der Bettler, der ebenfalls einmal vier Monate bei ihm gedient hatte und mit Schimpf und Schande davongejagt worden war. »Gott verbrenne seine Seele. Er hat die ganze Stadt hungern lassen und sein Geld lieber für diese Moschee gespendet. Alle Armen gehen hinein und flehen Gott an, den Geizkragen bis ans Ende der Zeit in der Hölle schmoren zu lassen.«

Ich traute meinen Ohren nicht, aber der Bettler erklärte, daß keiner so klug wie der Scheich der Moschee gewesen war, der den Schlüssel zur Seele des Geizigen gefunden hatte. Nur der Scheich wußte, wie er dem Geizigen soviel Angst einjagen konnte, daß der schließlich all seinen Besitz der Moschee überschrieb, um sich vor den Schlangen und Skorpionen, dem siedenden Öl und dem stinkenden Teer zu retten. »Sein Geheimnis«, seufzte der Bettler neidisch, »lag in dem Satz: Ich will nichts von dir. Das macht den Unterschied zwischen einem Bettler und einem großen Gauner.«

Als der Bettler erfuhr, daß ich nach Malula wollte, riet er mir ab. Das Dorf sei seit einem Monat umzingelt. Der Bandit, der diesmal die Angreifer anführe, habe geschworen, Malula dem Erdboden gleichzumachen, weil er im Kampf seinen besten Freund verloren hatte. Vor einer Woche habe er vier Kanonen aus einem nahen Waffenlager geraubt und bringe sie nun um Malula in Stellung. Als ich das hörte, begann ich zu weinen.

»Gott verbrenne ihre Seelen für die Zerstörung dieses Dorfes!« rief der Bettler voller Mitleid aus, worauf ich dem gutherzigen Mann erwiderte, in die Angelegenheiten Gottes wolle ich mich nicht einmischen. Er könne im Himmel mit den Banditen verfahren, wie es ihm gefalle. Aber auf der Erde solle Malula bleiben.

Ich hockte noch eine Weile mit dem Bettler vor der Moschee, uns gegenüber lag die Zentralwache der Gendarmerie. Vier Männer spielten auf der Terrasse Karten, als ob sie nicht wüßten, daß ein paar Kilometer von ihnen entfernt ein Dorf ausradiert werden sollte. Das Blut kochte in meinen Adern. Schließlich schlich ich in den Stall unter der Terrasse, sattelte das beste Pferd, ritt wie ein Pfeil davon und ließ die Flüche und Schüsse der Polizisten hinter mir zurück.

In einiger Entfernung von meinem Dorf traf ich einen Mann auf der Flucht. Wie sich herausstellte, war er einer der Banditen. Er hielt mich offenbar für ein versprengtes Mitglied seiner Truppe, denn er rief mir schon von weitem entgegen: »Kehr um, Malula ist uneinnehmbar!« Ich hielt ihn an und fragte, was geschehen sei. Darauf erzählte er, daß die Malulianer sich in der Nacht bis zum großen Lebensmittel- und Munitionslager ihrer Angreifer geschlichen hätten. Wie durch einen Zauber hätten sie den Belagerungsring überwunden. Die Wächter hätten sie zwar gesehen, doch als sie sie fassen wollten, lösten sich die Männer aus Malula plötzlich in Luft auf. Und dann hätten die Malulianer das Herzstück der Armee, Munition und Schießpulver, in die Luft gejagt. Tausend große und kleinere Detonationen hätten das Lager erschüttert, und die Belagerer seien in Panik geraten und kopflos durcheinandergerannt. Darauf seien schwarz gekleidete Reiter wie Nachtgeister über die verwirrte Truppe hergefallen und hätten jeden totgeschlagen, der ihnen in die Hände fiel.

Ich rief dem Banditen zu: »Du hast mir das Herz erleichtert, jetzt will ich erst recht hin!« Der Mann erklärte mich für verrückt, gab seinem Pferd die Peitsche und galoppierte davon.

Ich aber erreichte kurz darauf Malula. Drei Tage und drei Nächte feierte ich mit den anderen. Es gab kaum etwas zu essen, aber wir tanzten vor Freude.

Einige Spuren der Kanonenkugeln blieben noch jahrelang sichtbar. Welch ein Glück hatte Malula mit dem mutigen Einfall gehabt, den Feind in seinem Lager aufzusuchen und dort ein Chaos zu erzeugen.

Als ich zu meiner Fee in die Höhle ging, wollte ich sie am liebsten gleich in den Arm nehmen und mit ihr tanzen, doch sie erschien nicht. Feen sind sonderbar und eigenwillig. Du darfst nichts von ihnen verlangen, nur hoffen, daß dein Wunsch zufälligerweise auch ihrer ist. Erst am vierten Tag kam sie zu mir und tadelte mich: Ich hätte den Schatz vor meiner Nase gehabt und wäre durch meinen Haß gegen den Meister blind geworden. Ich schrie sie an, sie solle das Predigen lassen. Wenn sie von diesem herzlosen Mann so gequält worden wäre, hätte sie ihn wahrscheinlich umgebracht. Ich kenne viele Geschichten über Feen und weiß, wie unbarmherzig sie sein können, wenn sie jemanden hassen. Nein, ich glaube nicht, daß jemand lieben kann, ohne auch hassen zu können. Das habe ich ihr auch gesagt, und sie schwieg. Ich denke, ich habe ihr in jener Nacht sehr gefallen, denn kurz darauf lächelte sie verlegen. »Ich finde es großartig, wie du in Jabrud das Pferd gestohlen hast, um mich vor den Banditen und Brandstiftern zu schützen«, schmeichelte sie und küßte mich auf die Stirn.

Ich hatte noch nie etwas gegen Übertreibungen. Glaubst du wirklich, Moses, Jesus und Mohammed wären Propheten geworden, wenn sie nicht übertrieben hätten? Aber in jener Nacht wollte ich einfach nicht lügen. »Ehrlich gesagt bin ich nur gekommen, um Malula zu retten«, sagte ich.

»Das weiß ich doch, mein Milad«, antwortete die Fee und streichelte mir das Gesicht.

Malula hat den Angriff überstanden, doch wieder mußten es viele verlassen, um in der Fremde zu arbeiten. Weißt du, was das für ein bitteres Gefühl ist, ein Dorf mit dem Mut eines Panthers zu verteidigen, um danach vor dem unsichtbaren und lautlosen Hunger in die Knie zu gehen und sich wie ein hungriger Esel davonmachen zu müssen? Ich habe selten so viele verbitterte Gesichter gesehen wie an jenem Tag, als ich zusammen mit einer Schar junger Männer und Frauen Abschied vom Dorf nahm. Die Zeit war so schlecht, daß auch viele junge Frauen das Dorf verlassen mußten, um in der Hauptstadt als Dienstmädchen ihr Brot zu verdienen. Deine Tante Mariam war an jenem Tag auch mit dabei. An jenem Tag haben wir uns kennengelernt.

Gleich nach meiner Ankunft in Damaskus traf ich eine Frau aus Malula namens Naime, die ich als Kind von etwa fünf Jahren geliebt hatte. Sie erkannte mich sofort, ich sie überhaupt nicht. Sie hatte sich völlig verändert und kleidete sich europäisch. Sie wollte wissen, was ich in Damaskus suchte. »Arbeit«, antwortete ich knapp und erwartete nichts. Sie arbeitete seit einem Jahr als Dienstmädchen bei der Familie eines französischen Offiziers und nahm mich mit auf ihr kleines Zimmer im Hof des großen Hauses. Dort gab sie mir Brot und ein Stück Käse, verschwand für eine Weile und kam mit der erfreulichen Botschaft zurück, daß ich bei ihr übernachten dürfe. Sie hatte der Hausherrin gesagt, ich sei ihr Cousin. Die Dame erlaubte ihr auch, mir zu essen zu geben. Und noch eine gute Nachricht hatte sie für mich: Sie kannte einen Blumenhändler, der mir, wie sie meinte, sicher Arbeit geben würde.

Dann erzählte mir Naime von dem bitteren Schicksal, das sie heimgesucht hatte. Sie war siebzehn gewesen, als sie einen jungen Damaszener kennenlernte und sich unsterblich in ihn verliebte. Er war stark wie ein Stier und arbeitete im Steinbruch. Ein Halunke aus dem Boxgeschäft, das damals in Damaskus aufblühte, entdeckte den Mann, und es verging kein halbes Jahr, bis Abed — so hieß der Geliebte von Naime — alle Konkurrenten innerhalb weniger Minuten zu Boden streckte. Naime war hin- und hergerissen zwischen ihrer Angst und der Anbetung seiner göttlichen Kraft. Die Bewunderung siegte, und bald setzten sie den Termin für die Hochzeit fest und verlobten sich auch offiziell mit dem Segen der Eltern. Naime war sich ganz sicher, daß sie bald mit Abed leben würde. Im Rausch der Freude über einen Sieg gegen einen starken Gegner gab sie sich ihm hin, und von da an schliefen die zwei immer wieder miteinander, erfüllt vom Vertrauen in die Zukunft. Eine Woche vor der Hochzeit unterschätzte Abed einen Gegner, und dieser versetzte ihm einen harten rechten Haken. Abed fiel in Ohnmacht, und als er wieder zu sich kam, war er verrückt geworden. Er erkannte niemanden mehr, lief nackt herum und mußte seiner eisernen Fäuste wegen in eine Irrenanstalt gebracht werden.

Die Verlobung wurde gelöst, aber Naime war entjungfert, was damals für jeden Araber eine Schande war. So hoffte sie seither auf die Bekanntschaft mit einem Franzosen und wartete. Welch ein Schicksal! Und trotzdem konnte sie immer noch lachen und besaß die Kraft, andern zu helfen.

Wir unterhielten uns lange und hatten viel Spaß miteinander, denn nach und nach fielen uns die alten Kinderstreiche wieder ein. Irgendwann zog Naime aus einem Holzkasten unter ihrem Bett eine Flasche Rotwein hervor, und wir tranken und alberten herum. Naime wechselte den Platz, hockte sich neben mir auf den Boden und lehnte wie ich ihren Rücken an die Wand. Sie hielt kurz inne und schaute mich an. »Genau so haben wir damals auf der Treppe gesessen«, sagte sie.

»Ja, und ich wollte dir gerade sagen, daß ich dich liebe, als der blöde Hund bellte.«

»Ach, deshalb«, lachte sie, »kann ich Hunde nicht ausstehen!« Sie schaute plötzlich schüchtern auf ihr Weinglas, trank einen Schluck und mied meinen Blick.

Ich schwieg verlegen.

Nach dem zweiten Glas sah sie mir wieder direkt ins Gesicht. Ihr Blick wurde immer sinnlicher, und schließlich sagte ich ihr, daß ich in diesem Augenblick und bei soviel Wein im Blut kein keuscher Cousin sein könne. Sie lachte hell und streichelte mir das Bein. »Und ich hatte schon als kleines Mädchen Lust auf dich«, sagte sie. Ich liebkoste gerade ihre Wangen, als plötzlich der Hausherr hereinkam. Er schimpfte mit Naime und befahl mir, in einer Kammer zu übernachten, die unter der Treppe lag. Er tat das angeblich, um nicht gegen die Sitten des Landes zu verstoßen.

Ich wollte schlafen, doch in mir brannte die Sehnsucht nach Naime. Nach einer Stunde hörte ich plötzlich den Hausherrn seine Frau schlagen. Ich ging hinaus, um ihm gut zuzureden, doch vor meiner Tür stand Naime und flüsterte mir zu, ich solle mit ihr kommen. Wieder in ihrem

Zimmer, erzählte sie mir, daß der französische Offizier jede Nacht mit seiner Frau eine solche Vorstellung aufführte. Erst schlug er sie, dann schlug sie ihn, dann sangen sie beide, weinten, lachten und tanzten, und danach liebten sie sich auf dem Boden. Ich lag nackt bei Naime im Bett, aber ich fühlte mich wie betäubt. Das Geschrei über uns brachte die Gedanken an meine Mutter zurück. Erst als die Eheleute beim Liebkosen angelangt waren, löste sich meine Starre, und es vergingen keine fünf Minuten, bis endlich die Lust mich und Naime in ihren süßen Bann schlug. Naime gefiel ich sehr in jener Nacht, und auch ich war hingerissen von ihren Liebeskünsten, aber trotzdem schweiften meine Gedanken immer wieder zu Nariman, denn Naimes Flüstern und ihr Parfum verstärkten in der Dunkelheit noch die schmerzende Erinnerung.

Am nächsten Tag nahm mich Naime mit zu dem Blumenverkäufer und empfahl mich ihm mit übertriebenen Worten. Er war schon am frühen Morgen betrunken, übergab ihr torkelnd einen Strauß herrlicher roter Rosen, drehte sich dann zu mir um, lächelte und sagte: »Warum nicht? Vielleicht bringt er mir Glück!«

»Mit Sicherheit, denn Milad ist ein Glückspilz!« freute sich Naime. Der Blumenverkäufer hieß Nuri. Er fragte mich schon am ersten Tag nach meinem Leben, und ich erzählte ihm vieles. Er hörte zu und trank seinen Arrak, eine ganze Flasche bis zum Abend. Ich mußte ihn nach Hause tragen, was mir nicht schwerfiel, denn er war kleiner als ich und nur noch ein Haufen elender Knochen. Die Behausung des Mannes freilich, dessen Laden so traumhaft schön war, entpuppte sich zu meinem Erstaunen als ein Ort, schlimmer als eine Müllhalde. Ich legte Nuri auf das schmutzige Bett und sammelte die Flaschen ein. Er wollte nicht, daß ich sie wegschaffte, doch schlief er bald ein. Ich suchte nach einem Stück Brot, fand aber nur verdorbenes Essen in schmutzigen Tellern. Ich räumte die halbe Nacht auf und war schließlich so erschöpft, daß ich trotz meines Hungers einschlafen konnte, aber schon in der Morgendämmerung weckte Nuri mich wieder auf. Wir mußten zu einer Gärtnerei außerhalb von Damaskus gehen, wo er stundenlang bettelte, bis der Gärtner ihm ein paar Blumen gab. Nuri, der arme Teufel, steckte bis zum Hals in Schulden, er war aber ein witziger Kauz und versprach dem Gärtner, die Blumen so bald wie möglich zu bezahlen. Erfreut über seinen Erfolg lud er mich anschließend zum Frühstück ein, und ich weiß nicht woher, aber plötzlich hatte er nicht nur Geld für das Restaurant, sondern auch für eine Literflasche Arrak. Einzig in diesen frühen Stunden des Tages war Nuri nüchtern. Nach dem Frühstück fing er an zu trinken und hörte erst auf, als er die Flasche nicht mehr halten konnte.

Naime kam und holte wie jeden Morgen rote Rosen für ihre Herrschaft. Es ist lange her, aber wenn ich heute rote Rosen sehe, denke ich immer noch an Naime. An diesem Tag sah sie sehr traurig aus und sagte mir, daß ihre französische Familie unerwartet in den Norden fahren müsse, weil der Offizier wegen der Unruhen dorthin versetzt worden sei. Naime hatte sich Hals über Kopf in mich verliebt und wollte bei mir bleiben, doch wie sollte ich sie ernähren? Sie war jung und schön, aber der Hunger ist stärker als die Liebe. Außerdem hing ja mein Herz noch immer an Nariman.

Nicht einmal verabschieden konnten wir uns richtig, denn Naime mußte schnell zurück, wollte aber am Nachmittag noch einmal vorbeikommen, und hoffte weiter, daß der Offizier nicht lange im Norden verweilen und sie bald zu mir zurückkommen würde. Seitdem habe ich sie nie wiedergesehen. Wie ich später hörte, heiratete sie tatsächlich einen Unteroffizier der französischen Armee und ging mit ihm nach Frankreich. Gott schütze sie, wo auch immer

sie ist, denn ohne sie wäre ich nicht zu meinem Schatz gekommen.

Nuri sprach jeden Morgen auf seine Blumen ein und bat
sie um Geduld. Die hatten sie auch wirklich nötig, denn es
kamen kaum Kunden. Manchmal haben wir den ganzen
Tag nur welke Blumen weggeworfen und gewartet. Nuri
erzählte mir, daß man bloß die Blumen anzuschauen
brauchte, um zu wissen, wie es um die Damaszener bestellt
war. Wenn es ihnen gutging, kauften Verliebte, Verlobte
und sogar Verheiratete Blumen, doch wenn die Zeiten
schlechter wurden, wollten als erste die Verheirateten keine
Blumen mehr. Wurde es noch schlimmer, verlobten sich die
Paare ohne Blumen, und wenn es den Damaszenern richtig
dreckig ging, verzichteten sogar die Verliebten auf Blumen.
Damals bekamen nur noch die Toten, die nichts davon
merkten, Blumen. Früher hatte Nuri seine Arbeit geliebt,
nun aber haßte er sie. »Was ist das für ein Beruf«, seufzte er
eines Tages, »ich wünsche mir jeden Tag, daß jemand stirbt,
damit ich überlebe.« Seine einzige Stammkundschaft war
Naimes französische Familie gewesen, ansonsten warfen
die Passanten nicht einmal einen Blick auf Nuris Geschäft.
Sie wandten sich ab, als wäre der Blumenverkäufer der Todesengel persönlich. So schlecht ging es den Leuten.

Nuri war nicht mehr zu retten. Nur am Morgen war er
noch für eine Weile nüchtern; alles, was danach kam, verschwand im Nebel seiner verlorenen Welt. Manchmal
sprach er ein Wort wie ein fünfjähriges Kind und mischte es
mit einem anderen Wort, das er einmal gehört oder gesagt
hatte, als er zehn gewesen war, und nichts verband beide
Wörter.

Manchmal möchte ich meine eigene Zunge küssen, weil
ich stolz auf sie bin. Klein wie sie ist, besitzt sie noch immer
den Mut, aus der schrecklichen Dunkelheit meiner Hirn-
kammer Wörter ans Licht zu bringen. Bei all dem, was in

meinem Kopf gespeichert ist, hätte jede andere Zunge längst den Dienst verweigert oder wie bei Nuri alles durcheinandergebracht.

Nuri trank ununterbrochen, und das scharfe billige Zeug raffte sein Leben dahin. Vergeblich flehte ich ihn an, mit dem Trinken aufzuhören. Ich versteckte die Flaschen, und als er eines Tages keine Flasche fand, trank er einen halben Liter hochprozentiges Rasierwasser.

Welche Geschichte dahintersteckte, welches Schicksal ihn so tief hatte sinken lassen, habe ich trotz meiner täglichen Fragen nie herausbekommen. Irgend etwas war seiner Frau zugestoßen, und kurz darauf war anscheinend ein Sohn durch Nuris Schuld ums Leben gekommen. Aber es waren nur Fetzen, die Nuri undeutlich und zusammenhanglos über sein Leben herausbrachte.

Eines Tages saßen wir beide vor dem Laden, als ein Trauerzug an uns vorbeikam. Der Tote mußte ein reicher Mann gewesen sein, denn Hunderte von Kränzen wurden vor dem Sarg hergetragen. Die Hälfte davon war dicht an dicht mit teuersten Lilien und Rosen besteckt. Da kam mir die rettende Idee. Nuri verfluchte mich und erklärte, es sei unanständig, aber ich pfiff lieber auf den Anstand als auf mein Leben. In der Nacht schlich ich zum Friedhof und schleppte drei der besten Kränze in Nuris Laden. Niemand merkte etwas, am wenigsten der Tote. Am nächsten Tag kam eine alte Frau und bestellte einen Kranz für ihre Nichte. Sie wohnte in einer armseligen Hütte beim Osttor der Stadt.

Als ich ihr den Lilienkranz brachte, wäre die Frau vor Schreck fast ihrer Nichte gefolgt. Ich beruhigte sie und sagte, daß die Pracht keinen Groschen mehr kostete, als sie bezahlt hatte. Sie weinte vor Freude und wünschte der Seele des Blumenhändlers Gottes Gnade. Nuri zitterte vor Angst, als ich zurückkam. Er wollte wissen, ob die Frau etwas gemerkt hatte.

»Ja«, scherzte ich, »sie wollte dich verklagen, weil du ihr
für die paar Piaster die herrlichen Lilien geschickt hast.«
Das brachte ihn zum Lachen. Von nun an wanderte ich jede
Nacht zum Friedhof und holte einen der vielen Kränze, und
bald konnten wir wieder dem Gärtner die wenigen Blumen
bezahlen, die wir für die Lebenden brauchten.

Denn unter den Armen sprach sich schnell herum, daß
man bei Nuri für wenig Geld die tollsten Kränze bekam,
und so verkauften wir oft ein oder zwei am Tag. Nuri gab
großzügig aus, was er verdiente, so daß ich keinen Hunger
mehr leiden mußte und seit langem wieder einmal satt einschlafen konnte. Das blieb auch die nächsten Wochen so, bis
Nuri eines Tages soviel trank, daß ich ihn bei meiner Rück-
kehr vom Friedhof tot auffand. Ich benachrichtigte den
Pfarrer, und am nächsten Nachmittag trug ich den einzigen
Kranz vor seinem ärmlichen Sarg her. Es folgten nur ein
paar Nachbarn und entfernte Verwandte. Tags darauf verkaufte ich noch die letzten Kränze, die ich am Abend vor
Nuris Tod vom Friedhof geholt hatte. Dem Weinhändler
brachte ich über zweihundert leere Flaschen zurück. Mit
diesem Geld wurde ich endlich auch am einundzwanzig-
sten Tag satt und kaufte noch Proviant für fünf weitere
Tage. Mit den restlichen Piastern ging ich ein letztes Mal
zum Gärtner, kaufte einundzwanzig rote Rosen, legte sie
auf Nuris bescheidenes Grab und brach nach Malula auf.

Kaum hatte ich den ersten Schritt in die Höhle getan, erfaßte mich ein Wirbelwind. Ich stürzte zu Boden. »Du hast
es geschafft! Dir gehört der Schatz!« hörte ich die fröhliche
Stimme der Fee. Verwirrt schaute ich mich um und sah sie
vor mir stehen. Ihr Kleid glitzerte wie tausend kleine
Sterne. Sie reichte mir ihre weiche Hand und half mir aufstehen.

»Meine Freude hat mir die Ruhe geraubt, deshalb habe
ich dich so stürmisch umarmt«, entschuldigte sie sich.

»Fast hättest du mir das Genick gebrochen. Kein Wunder, daß es keine Feenmänner gibt«, scherzte ich und küßte sie auf ihre Lippen. Sie waren kühl wie Tau und schmeckten wie Honig. Sie legte ihre rechte Hand auf meinen Kopf und ihre linke auf meine Brust.

»Ab heute besitzt du den Schatz aller Schätze. Ab heute wirst du fähig sein, allen Kindern Freude zu schenken. Die Kinder werden dich lieben wie ich, und du wirst im Herzen der Reichste sein.« Doch damals war ich ein Dummkopf. Ich schaute die Fee entgeistert an. »Du machst Scherze!« schrie ich sie an und schlug ihre linke Hand weg, die immer noch auf meiner Brust lag.

»Was? . . . Scherze? . . .« stotterte sie.

»Sag, daß das nicht wahr ist! Sag es«, schrie ich laut wie ein Wahnsinniger. »Du hast mich betrogen! Jahrelang habe ich mit Hiobsgeduld alles ertragen, um den Schatz zu bekommen, und jetzt? Kinder zum Lachen bringen? Das kann doch jeder. Und was ist das schon, wenn Kinder lachen?«

»Milad, Geliebter, du täuschst dich. Diesen Schatz besitzt du als einziger in Arabien. So wie du wird niemand die Kinder erfreuen können, und du wirst sehen, wie dein Herz immer reicher wird.«

Ich aber war bitter enttäuscht und schob sie wütend von mir. »Laß mich in Frieden«, brummte ich. Und die Fee löste sich auf der Stelle in Luft auf.

Am nächsten Morgen kletterte ich aus der Höhle und ging in Gedanken versunken durchs Dorf. Nach ein paar Stunden fühlte ich eine solche Hitze in meinem Kopf, daß ich dachte, er müßte in Flammen aufgehen. Ich lief zur Quelle im westlichen Teil des Dorfes und tauchte den Schädel ins frische Wasser, das dort aus dem Felsen sprudelte. Als ich mich aufrichtete, lächelte mich eine Frau, die zum Wasserholen gekommen war, verlegen an. Neben ihr stand ihre Tochter, ein etwa sechsjähriges Mädchen. Es schaute mir ins Gesicht und lachte so hell, daß es mich in meinem Herzen kitzelte. Dieses Mädchen werde ich nie vergessen. Es war das erste Kind, das ich zum Lachen gebracht habe. Deshalb habe ich ihren Namen bis heute in meinem Gedächtnis: Ibtisam. Das Mädchen kam zu mir und bat: »Noch mal, das ist lustig!« Gehorsam tauchte ich meinen Kopf ins Wasser, richtete mich wieder auf und schüttelte mein triefendes Haar. Ibtisam jauchzte vor Begeisterung. Ihre Mutter schaute sie mit großen Augen an. »Die heilige Maria soll dich belohnen«, sagte sie zu mir. »Ibtisam war seit Wochen krank. Sie hatte Fieber und weinte jede Nacht. Heute habe ich zum erstenmal gewagt, sie mitzunehmen.«

Als die Mutter nach Hause gehen wollte, klammerte sich das Mädchen mit ihren kleinen Händen an mich. »Laß dein Kind doch ein Stündchen hier. Du kannst es dann abholen«, schlug ich der Mutter vor, und Ibtisam tollte mit mir herum. Ich vergaß die Welt, sang und tanzte mit ihr. Wir bespritzten die vorübergehenden Bauern mit Wasser.

»Seid ihr verrückt geworden?« zürnte einer.

»Ja!« brüllten wir und lachten so vergnügt, daß sich andere Kinder, die uns schon eine Weile beobachtet hatten, zu uns gesellten. Die Eltern hatten mittags Mühe, ihre Kinder zum Essen zu holen. Als die Mutter des kleinen Mädchens kam und ihre Tochter so glücklich sah, bat sie mich, bei ihr zu Mittag zu essen. Es gab nur eine karge Mahlzeit, aber mir schmeckte es wie selten zuvor. Wir aßen, und die Mutter lachte Tränen über Ibtisam und mich, denn wir spielten ein wunderbares Spiel: Wer mit vollem Mund »ich liebe dich« sagen konnte, ohne ein Reiskorn entwischen zu lassen, bekam dafür drei Küsse. Es ist schwierig, in diesem Spiel ist auch der Verlierer ein Gewinner. Erst am späten Nachmittag kehrte ich erschöpft in meine Höhle zurück.

In meinem Herzen war eine Freude, wie ich sie noch nie zuvor empfunden hatte. Ich rief nach meiner Fee, um ihr für dieses Glück zu danken, doch sie ließ sich nicht blicken. Feen sind empfindlicher als Mimosen.

Am nächsten Tag hatte ich schon beim Aufstehen Sehnsucht nach dem Lachen der Kinder. Als ich die Quelle erreichte, stand da das Mädchen mit einem Basilikumzweig in der Hand. »Der ist von meiner Mutter«, sagte sie, und wir strahlten uns an. Nach kürzester Zeit waren alle Kinder Malulas um mich versammelt, und wir mußten uns einen anderen Ort zum Spielen suchen, weil unsere große Schar den Weg zur Quelle versperrte. An diesem zweiten Tag habe ich den Kindern noch mehr Freude geschenkt und das Vielfache an Glück von ihnen zurückbekommen. Tagelang rief ich sehnsüchtig nach der Fee, bis sie endlich eines Nachts erschien. Ich wollte sie in die Arme schließen, doch meine Hände griffen durch sie hindurch, als wäre sie eine Fata Morgana. Immer wieder tauchte sie auf, blieb aber Luft für mich.

»Bitte, hör mir zu«, flehte ich sie an, »ich habe inzwischen erkannt, was für einen Schatz ich besitze, und würde ihn nicht für alles Gold der Welt wieder hergeben.« Da spürte ich ihre Hand auf meinen Lippen, und alsbald lag sie fest in meinen Armen. Ich küßte sie und näßte ihr Gesicht mit meinen Freudentränen, und wir liebten uns bis zur Morgenröte. Das war ihr erstes Liebesspiel mit einem Menschen, denn Feen dürfen uns eigentlich nicht zu nahe sein. Unser Ruf ist im Feenreich genauso schlecht wie der Ruf des Teufels auf Erden. Wir gelten als gefährlich und ungemein verführerisch, aber treulos.

Meine Fee aber hatte sich unsterblich in mich verliebt und verstieß damit gegen die heiligen Regeln. Doch bis heute hat sie es nicht bedauert. Ein paar Minuten nach dem Liebesspiel merkte ich zum erstenmal, daß ich nach Jasmin rieche, wenn ich schwitze, und meine Sehnsucht nach Nariman war auf einmal verschwunden. Diese Sehnsucht, die

mich seit der traurigen Trennung von ihr immer wieder
heimgesucht hatte.

»Die Kinder der Welt warten auf dich.« Mit diesen Worten überraschte mich meine Fee, als ich am nächsten Morgen gerade daran dachte, von der Höhle hinunter ins Dorf
zu ziehen und mir ein Haus zu suchen.

»Aber Malula ...«

»Malula ist zu klein für dich«, unterbrach sie mich. »Die
Kinder der ganzen Welt sollen den Schatz vermehren, den
du in deinem Herzen trägst. Ich habe es dir versprochen.
Du bleibst mir und Malula erhalten, denn du wirst immer
wieder zurückkommen«, fuhr sie fort.

»Aber ich habe Angst vor der Fremde. Sie hat schon so
viele Malulianer verschluckt«, hielt ich ihr entgegen.

»Fürchte dich nicht, mein Milad. Malula lebt in deinem
Herzen. Weder die Meere noch die Städte werden dich verschlingen. Und wenn du dich einmal verirrst, werde ich dir
einen Malulianer schicken, der dich hegt und pflegt, bis du
wieder zu mir kommen kannst.«

»Und warum kommst du nicht mit mir?« fragte ich
traurig.

»Ich liebe dich, wie ich noch kein Wesen geliebt habe,
und habe deshalb unser oberstes Gesetz gebrochen. Zur
Strafe bin ich an diesen Felsen gebunden. Sobald ich mich
von hier entferne, muß ich sterben.« Eine Träne entfloh ihr
wider Willen, und sie fuhr, jetzt offen weinend, fort: »Doch
ich weiß, wenn du Kinder zum Lachen bringst, wird der
helle Klang ihrer Rufe mich hier erreichen und meine Einsamkeit lindern. Geh, mein Milad, geh und sei sicher, daß
ich dich nie im Stich lassen werde.«

Am nächsten Tag reiste ich ab, und fortan schenkte ich
überall Kindern das Lachen. Sie riefen laut nach mir, im
Circus, auf den Straßen, in Scheunen und in den Zelten der
Beduinen. Ich reiste um die ganze Welt, und überall gehörte

mir bald die Liebe der Kinder, denn Lachen ist eine Sprache, die keinen Übersetzer braucht. Manchmal geriet ich
auch in Not, aber ob in Indien, Kanada, Schweden oder
Äthiopien, im letzten Augenblick tauchte immer ein Malulianer auf, nahm mich zu sich, hegte und pflegte mich,
bis ich wieder bei Kräften war. Dann wollte ich nur noch zu
meiner Fee, denn meine Sehnsucht ließ mir keine Ruhe.
Immer wieder kehrte ich in die Höhle zurück und liebte
meine Fee wie ein Wahnsinniger. Und sie verjüngte mich
bei jeder Liebesnacht um Jahre. Wie du siehst, bin ich jetzt
schon siebzig, doch ich schwöre dir, wenn ich wieder aus
meiner Höhle komme und abermals auf Reisen gehe,
werde ich viel jünger sein. Die Fee läßt mich jedoch auch
um so schneller altern, je länger ich von ihr wegbleibe. Ich
bin heute zum zehntenmal siebzig und werde in Kürze
auch zum wiederholtenmal dreißig sein. Jünger
will sie mich nicht haben. Feen haben eben
so ihre eigenen Wünsche, aber das
ist eine andere Geschichte,
die ich dir vielleicht
ein anderes Mal
erzählen
werde.

Inhalt

*Wie mir eine Geschichte erst
Kummer vertrieb und dann machte*
7

Erste Nacht
*Warum Milad
in die Fremde ging*
27

Zweite Nacht
*Was Milad beim
frommen Mann erlebte*
46

Dritte Nacht
*Wie Milad unfreiwillig in die
russische Revolution verwickelt wurde*
58

Vierte Nacht
*Warum Milad seinen
guten Ruf in den Wind schlug*
75

Fünfte Nacht
*Wie Milad Seelenverwandtschaft
bei einem Grabräuber fand*
86

Sechste Nacht
*Wie Milad im Bordell
die Moral kennenlernte*
100

Siebte Nacht
*Warum der Dorfälteste
Pferdeäpfel essen mußte*
132

Achte Nacht
*Wie Milad die
Frucht seiner Geduld genoß*
154

Rafik Schami wurde 1946 in Damaskus geboren. 1971 kam er nach Deutschland, studierte Chemie (und promovierte in dem Fach), arbeitete in der Industrie und tat, was er seit seiner Jugend in seiner Muttersprache getan hatte: er schrieb, nunmehr auf Deutsch. Heute zählt er, mit vielen Literaturpreisen ausgezeichnet, zu den erfolgreichsten Schriftstellern dieser Sprache. Bei Hanser erschienen u. a. die Bücher »Reise zwischen Nacht und Morgen« (1995) und »Gesammelte Olivenkerne« (1997). Außerdem sind die Neuausgaben von »Der fliegende Baum«, »Märchen aus Malula«, »Der Fliegenmelker« und »Die Sehnsucht fährt schwarz« lieferbar.